Colombia

哥倫比亞史

黃金國傳說

張立卉　著

三民書局

國家圖書館出版品預行編目資料

哥倫比亞史：黃金國傳說／張立卉著.－－初版一刷.
－－臺北市：三民，2012
面；　公分.－－(國別史叢書)

ISBN 978-957-14-5667-6　(平裝)

1. 哥倫比亞史

757.31　　　　　　　　　　　　　　　　101006452

© 　哥 倫 比 亞 史
——黃金國傳說

著 作 人	張立卉
責任編輯	蕭遠芬
美術設計	李唯綸
發 行 人	劉振強
著作財產權人	三民書局股份有限公司
發 行 所	三民書局股份有限公司
	地址　臺北市復興北路386號
	電話　(02)25006600
	郵撥帳號　0009998-5
門 市 部	(復北店) 臺北市復興北路386號
	(重南店) 臺北市重慶南路一段61號
出版日期	初版一刷　2012年5月
編　　號	S 750100

行政院新聞局登記證局版臺業字第○二○○號

有著作權・不准侵害

ISBN　978-957-14-5667-6　　(平裝)

自　序

　　哥倫比亞地處南美最北端，是南美大陸唯一同時瀕
臨太平洋與加勒比海的國家，可謂南美洲的門戶，因此
西班牙人登陸南美的首站便選擇哥倫比亞。當西班牙人
深入該國內陸時，同時也發現安地斯山脈蘊藏豐富的黃
金，因此將當地的各個印地安部落統稱為黃金國，繼而
引發全世界野心者的覬覦，對印地安原住民造成無法抹
滅的傷害。

　　獨立戰爭時期，大哥倫比亞地區的各派領導人物為
爭取獨立而共同奮戰不懈；獨立之後，卻因對中央政府
權力的意見不同，非但無法如玻利瓦（Simón Bolívar,
1783～1830 年）❶所願建立一個幅員廣闊的大哥倫比
亞共和國，更捲入無止盡的權力鬥爭洪流，導致國土分
裂及層出不窮的內亂紛爭。矛盾的是，哥倫比亞早在
1849 年便已建立起類似英、美兩國的兩黨政治架構，由
保守黨和自由黨透過選舉制度支配該國的政治發展，軍
人勢力一向薄弱，不像拉美其他國家時有軍事政變及軍
人獨裁；然而，哥倫比亞卻未能進入良性的競爭模式，
反因兩黨對立、土地糾紛和勞工問題等引發的社會衝突
使得政治動盪不安。另一方面，大多數拉美國家早在十
九世紀，便由自由黨或其他政黨取得優勢地位，但哥倫
比亞的保守黨一直到 1930 年代仍獨攬大權，自由黨於
1930 至 1946 年僅短暫居主導地位，1946 年再度由保守
黨執政，至今勢力依舊龐大，二十世紀末期，哥倫比亞

❶委內瑞拉的國
父、民族英雄，領
導南美洲北部獨
立運動，畢生致力
於拉丁美洲的獨
立和自由。

1

的大選仍由傳統的兩大政黨競爭，沒有其他黨派占一席之地，實乃特殊現象。

綜觀哥倫比亞的歷史發展，政黨角色占極大影響力，人民與政黨的關係密不可分，無數次的內戰和農民一窩蜂參與其中的風潮，導致民眾變成黨派性強的社會主義者，更因黨派色彩不同產生勢不兩立的情況，敵對雙方支持的政黨是禍亂根源，同樣地，卻也是他們的政治庇護者，經年累月之下，這種認同發展便成為民眾生活的一部分。

儘管經歷了政治劇變和暴動，又遭到左派游擊隊和右翼準軍事組織的破壞，哥倫比亞仍堪稱是近六十年來拉美國家經濟發展較穩定的國家之一，直到二十一世紀初經濟仍呈現大幅成長，當大多數拉美國家必須忍受外債和物價高漲的壓力，哥倫比亞早已試圖擺脫這些國際經濟危機。然國內民眾並未普遍享受到國家經濟穩定發展帶來的果實，相反地，國內經濟條件的差異、財富分配不均也間接造成社會問題，貧窮者因處於經濟劣勢，故而挺身涉險，從事反政府游擊戰，即使政府實施大赦，出獄之後找不到工作，又重操舊業。至於毒品交易，可以為數十萬名中下階層人民帶來為數可觀的收入，令人感到諷刺的是，昔日的黃金國、尋夢者的國度，演變至今日卻被毒品取而代之，成為大家眼中的「新黃金」。

政治和經濟方面錯失良機，衍生出後患無窮的社會亂象，讓人忽略了哥倫比亞經濟發展的成就，以及得天獨厚的自然與人文優勢——它是野生動植物王國、拉美第四大文化發源地。多元文化，鳥語花香，濃醇咖啡，藝文娛樂，魔幻文學，均值得全世界細細玩味，深入探討。

哥倫比亞史

黃金國傳說

目　次

自　序

contents

Colombia

第 I 篇
國家概況

第一章
自然環境

第一節　地表風貌

　　哥倫比亞共和國 (República de Colombia)，簡稱哥倫比亞❶，位於南美洲的西北部，西瀕太平洋，西北毗鄰巴拿馬，北鄰加勒比海，東與委內瑞拉、巴西交界，西南與秘魯、厄瓜多接壤。國境南北長約一千七百八十公里，東西寬約一千二百六十三公里，總面積約一百一十四萬平方公里，是南美洲繼巴西、阿根廷、秘魯之後的第四大國家，也是世界上第二十六大國家。

　　哥倫比亞起伏不平的崎嶇地貌，再加上距離赤道近，無不使其氣候、植被、土壤及作物等方面產生多樣化的現象，它是太平洋「火的戒指」(Ring of Fire) 的一部分❷，因受地殼構造力影響，經常發生地震和火山。哥倫比亞屬熱帶氣候，沒有真正的季節變化，信風和赤道低壓帶 (Intertropical Convergence Zone, ITCZ) 影響其氣候和雨量，太平洋聖嬰現象 (El Niño) 和反聖嬰現

❶「哥倫比亞」這個字來自克里斯多福‧哥倫布 (Christopher Columbus) (西班牙語為 Cristóbal Colón)，它是革命者米蘭達 (Sebastián Francisco de Miranda) 所想出用以代表新世界的名詞，特別是指受到西班牙和葡萄牙殖民的全部美洲領土。此名字於 1819 年由當時的委內瑞拉、新格拉

3

納達和厄瓜多組成的大哥倫比亞共和國所採納。

❷指圍繞在太平洋四周,充滿地震和火山爆發的區域,呈現出一個長約四萬公里的馬蹄鐵形狀,該區總共有 452 個火山,全世界超過 75% 的活火山和休火山、90% 的地震和 80% 最嚴重的地震都集中於此。

象 (La Niña) 亦偶有影響。雨量在各地區的變化很大,經常介於乾旱及降雨充沛兩個極端之間。

哥倫比亞共分成五個傳統地理區:中西部安地斯山區 (Los Andes)、東部亞諾斯平原 (Los Llanos)、東南部亞馬遜雨林區 (Amazon)、北部加勒比海沿岸和西部太平洋沿岸,五大特殊且各具特色的地理位置,造就全國豐富多變的自然環境。

一、安地斯山區

安地斯山脈為南美洲主要的南北向山脈,多山且長年積雪,從委內瑞拉北部到南美南部尾端,總長約七千二百公里,是世界上最年輕亦是最高的山脈之一,對哥倫比亞西部地形影響甚鉅,多數居民依此而居。安地斯山區因高度不同而分成熱帶區 (tierra caliente)、溫帶區 (tierra templada)、寒帶區 (tierra fría)、森林區 (zona forestada)、高山區 (páramos) 和雪地 (tierra helada) 六個區域,平均每上升三百公尺,溫度減少約 2°C。熱帶區通常指高度一千公尺以下的地區,溫度介於 24～27°C;溫帶區是指高度一千至二千公尺間的地區,氣溫介於 18～24°C,雨量適中;寒帶區位於二千至三千二百公尺高度之間,平均溫度為 14°C;森林區介於三千二百至三千九百公尺,但大多樹木都已被砍伐;高山區則介於三千九百至四千六百公尺高度間,平均溫度在 10°C 以下,多霧,多陰天,經常颱風,降雨模式使得植物分布錯綜複雜,一座山多雨的那邊可能是茂盛和綠意盎然的草地,而另一邊卻可能是乾燥不毛之地;四千六百公尺以上稱為雪地,終年積雪。

西南部與厄瓜多交界處,安地斯山突然延伸成為三

條單獨的平行山脈，分別是西科迪耶拉山脈 (Cordillera Occidental)、中科迪耶拉山脈 (Cordillera Central) 及東科迪耶拉山脈 (Cordillera Oriental)。

　　西科迪耶拉山脈高四千公尺，是三座山脈中最矮的一座，最高點為昆巴火山 (Volcán Cumbal) 高約四千七百六十四公尺。從北部的太平洋沿岸到南端約長八十公里，北部分成阿比貝 (Abibe)、聖海洛尼默 (San Jerónimo) 及阿亞貝 (Ayapel) 高原。此區森林密布，氣候濕熱，人口最少，至今尚未充分開發，該國最活躍的一座活火山卡列拉斯火山 (Galeras) 即位在此區南部。

　　中科迪耶拉山脈是安地斯山系的主脈，高約五千五百公尺，山的兩側有幾處暴露出結晶的岩石，這些岩石是金礦、銀礦、沙岩和頁岩的沉積處，頂峰有許多被雪覆蓋的火山，其走向大致為西南、東北向。安蒂奧基亞省 (Antioquia) 的安蒂奧基亞岩基含有能產金的石英礦脈，這種礦脈是金礦的來源，造就了殖民時期活躍的採礦經濟。有些火山高聳超過四千五百七十二公尺，終年積雪，最高者為卡利 (Cali) 東南的烏伊拉雪山 (Nevado del Huila)，高五千七百五十公尺；位在波帕揚市 (Popayán) 內的布拉賽火山 (Volcán Puracé) 高約四千七百五十六公尺，波帕揚曾在 1983 年 3 月 31 日發生一場芮氏規模強度 5.5 的地震，造成數百人死亡，全市摧毀殆盡；1985 年 11 月 13 日，魯伊茲雪山 (Nevado de Ruiz) 的阿雷納斯火山 (Volcán Arenas) 爆發，引發雪崩，大量的土石流一夕之間掩埋阿密羅市 (Armero)，造成二萬五千人死亡，為哥倫比亞近數十年來最大的天災。火山爆發導致冰雪融化，常為居住在山坡下的居民帶來災難性泥流，火山灰則形成了納里紐省 (Nariño) 寒冷的高原，以及向北延伸的陡峭山坡，是哥倫比亞咖啡的主要生產地。

　　東科迪耶拉山脈以更加明顯的東北走向分叉出去，山脈向南較狹窄，直到荒無人煙的蘇馬帕茲 (Sumapaz) 高地始變寬，中部有奇卡莫查河 (Río Chicamocha) 及其支流切割而成的幽深峽谷，還有波哥大草原

圖1：哥倫比亞地圖

區，首都波哥大 (Bogotá) 位在海拔高度二千六百四十公尺的寒帶區。在較遠的東北方，聳立著東科迪耶拉山脈的最高峰——白里塔古巴高峰 (Ritacabu Blanco)，高約五千四百九十三公尺，位於戈奎雪山 (Sierra Nevada de Cocuy) 中間，靠近委內瑞拉的邊境。過了戈奎雪山，東科迪耶拉山脈在潘普隆納 (Pamplona) 附近又分成兩座狹窄的山脈，一座叫做梅里達山 (Cordillera de Mérida)，延伸到委內瑞拉境內，另一座是佩里哈山脈 (Sierra de Perijá)，形成了位於哥倫比亞本土最北端的瓜希拉半島 (Península de La Guajira)。

　　山系、大河孕育出哥倫比亞淵遠流長的文明，除安地斯山影響該國的文化發展外，馬格達雷納河 (Río Magdalena) 亦為原因之一。馬格達雷納河是哥倫比亞最主要的運輸系統，也是南美眾多大河中水系最簡單的一條河，發源於中科迪耶拉山脈的南部，北流至巴蘭基亞 (Barranquilla) 注入加勒比海，將中科迪耶拉山脈與東科迪耶拉山脈分開，從巴蘭基亞可通航到內陸中心卡爾達斯省 (Caldas) 的拉朵拉達市 (La Dorada)，溝通了內地和加勒比海海港間的聯繫。整個流域面積約二十五萬七千五百平方公里，占全國面積百分之二十四，全國約百分之八十的人口居住在此，大部分的經濟活動都在此發展，具有重大經濟價值，河谷地區盛產咖啡、香蕉、棉花、菸草，下游為石油產區。主要支流除考卡河 (Río Cauca) 之外，還有塞薩爾河 (Río César)、聖豪爾赫河 (Río San Jorge)、薩爾達納河 (Río Saldaña)、萊布里哈河 (Río Lebrija) 及卡拉雷河 (Río Carare)。

　　考卡河是馬格達雷納河最大的支流，發源於布拉賽火山西側，在中、西科迪耶拉山系之間的峽谷地帶穿行。考卡河谷是哥倫比亞重要的農業地區，有幾座大城市位於其邊境，將廣大的西科迪耶拉山脈與中科迪耶拉山脈分隔開。

二、亞諾斯平原

　　亞諾斯平原占地二十五萬平方公里，南北長約九百六十六公里，

東西寬約六百四十四公里以上，自委內瑞拉邊界延伸到秘魯及厄瓜多邊界，屬於全世界最豐碩的熱帶牧草地之一。有草原、乾地森林和季節性洪水氾濫等多變景色，年平均降雨量約為一千七百七十八公釐，冬季幾乎無雨。平原內分成兩個流域，從東科迪耶拉山山腳向東延伸，數條河流由東科迪耶拉山向東流入奧利諾科河 (Río Orinoco)，向東南則流入亞馬遜河，兩河均注入大西洋。

奧利諾科河為本區的主要河流，流入奧利諾科河的河流有阿勞卡河 (Río Arauca)、梅塔河 (Río Meta)、比查達河 (Río Vichada)、伊尼里達河 (Río Inirida) 及瓜比阿雷河 (Río Guaviare)。面積廣大的東部平原無論在自然地理和人文地理各方面都與西部的安地斯山區截然不同，至今仍為印地安部落主要聚集之地，以傳統的狩獵為生。該區飼養牛隻的範圍占全國面積約百分之五十以上，當地牧人必須具備徒手將動物趕進圍欄和用繩圈套捉動物等放牧技巧，一輩子都從事放牧工作，每天長時間騎在馬背上工作，還必須忍受戶外烈日和強風的考驗，工作時都會穿上傳統的工作服，即：披風、草帽和草鞋，形成當地的特色之一，樂天知命的性格使得他們對於生長在艱困的環境中感到自傲。

三、亞馬遜雨林區

從西科迪耶拉山南部向東擴展，到與巴西和委內瑞拉邊境，從北部瓜比阿雷河、比查達河到南部的普圖馬約河 (Río Putumayo) 之間的範圍屬於亞馬遜雨林區，占地四十萬平方公里，約全國領土的三分之一，相當於德國的國土面積，低地面積占南美洲的百分之四十，也是全拉丁美洲最大的低地。該區內河流交錯而過，流入亞馬遜河的河流有包貝斯河 (Río Vaupes)、卡戈塔河 (Río Caguetá) 及普圖馬約河。年平均降雨量在二千五百公釐以上，大量的雨水流入河中，途經峽谷，形成瀑布。許多地區都被游擊隊控制著，唯一可以進入的是邊境小城萊蒂西亞 (Leticia)。

境內全是茂密無法穿透的叢林，是一片不為人知的地域，幾乎沒

有現代事物或基礎建設的痕跡，人口極少，只有零星散布的印地安人，以獨木舟穿梭於河中，岸邊則有糾結在一起的藤蔓和蓋著茅草屋的小型印地安村落，他們仍過著歐洲人抵達新大陸之前的原始生活，例如：狩獵、捕魚，吃著莓果、植物和水果裹腹。

四、加勒比海沿岸

北部加勒比海平原區，地勢平坦，土地肥沃，氣候宜人，占全國人口的百分之二十一，是發展農牧業和旅遊業的理想地帶，整個加勒比海低地區都有乾旱的熱帶稀疏草原。沿岸有三個重要港口：聖馬爾塔 (Santa Marta)、巴蘭基亞和卡塔赫納 (Cartagena)，幾個大城都具有殖民時期特色；巴蘭基亞位於馬格達雷納河的入海口處，是哥倫比亞最大的海港；卡塔赫納是當時主要的黑奴交易中心，而且曾經是南美洲最強大的防禦工事堡壘，岩石城牆和城垛的建築耗費了好幾十年，其空前偉大的工程為南美洲絕無僅有。

北部的聖馬爾塔雪山 (Sierra Nevada de Santa Marta) 是一座巍峨、斷層甚多的花崗岩山岳，為哥倫比亞最高山，不屬於安地斯山系，境內有許多淡水湖及沼澤地，長期以來一直是印地安人居住的地方。克里斯托巴‧哥倫布山頂 (Pico Cristóbal Colón) 是全山的最高峰，高約五千七百九十七公尺；最北端的瓜希拉半島氣候極為酷暑，每年降雨很少超過七百五十公釐。

哥倫比亞也是多島嶼國家，主要的島嶼是位在加勒比海海域、距哥倫比亞本土西北方七百五十公里遠的聖安德烈斯一普羅畢登西亞群島 (El Archipiélago de San Andrés y Providencia)、羅莎力歐島 (Isla de Rosario) 和聖伯納度島 (Isla de San Bernardo)。島上居民大多是黑人，生產供出口的可可和香蕉，自 1960 年設立自由港以來，貿易不斷增長，是發展旅遊事業的好地方。

五、太平洋沿岸

位於哥倫比亞西側，從靠近巴拿馬的阿特拉多河 (Río Atrato) 往南到厄瓜多西北邊境的馬塔黑河 (Río Mataje)，總共綿延一千三百公里長，是全世界降雨最多的地區之一，阿特拉多河為主要的運輸管道，也是世界水流最湍急的河流。阿特拉多沼澤地，充滿了野生動物，陸路交通極為困難，阻斷了哥倫比亞與中美洲之間的交通，也打斷了北起阿拉斯加，南至火地島，全長約四萬八千公里，貫穿整個美洲大陸的泛美公路──泛美公路唯一未修通的一段路程即位在巴拿馬運河到哥倫比亞邊境之間，許多個人、原住民、團體組織及當地政府都反對修通該路段，所持理由各異，如為了保護熱帶雨林、控制熱帶疾病的傳播和保持原住民的生活環境等。

太平洋沿岸有布埃納文圖拉 (Buenaventura) 和突馬科 (Tumaco)兩個海港。喬科省 (Chocó)，既熱又潮濕，終日降雨，年平均降雨量約九千公釐，1939 年的降雨量曾高達一萬五千零六十公釐，龐大的雨水帶來壯觀的瀑布及水勢湍急的河流，幾乎沒有道路及城鎮，土地貧瘠不適合耕種作物。該區的特點為森林茂密、高山險峻、峽谷深邃和海域淺灘。居民多從事農業、捕魚、狩獵、林業和礦業，僅可自給自足，因為太平洋海岸的包圍，使得該區仍未受到工業化、商業化，或是現代科技的煩擾。十九世紀初，曾開採出大量的白金和黃金。

除了豐富的地理環境之外，文化發展亦很豐碩，境內有許多印地安保留區。太平洋上的苟勾納島 (Isla de Gorgona) 和馬爾貝羅島 (Isla de Malpelo) 也屬哥倫比亞的領土，馬爾貝羅島則是發展海上捕魚業的理想之地。

第二節　野生王國

一、奇珍異獸

　　哥倫比亞就像南美洲其他國家一樣有著許多令人讚嘆及驚豔的美景，全國領土僅占全世界百分之一，卻擁有全世界百分之十五的知名動植物，鳥類品種多達一千九百種以上，超過一百四十種是哥倫比亞特有的鳥類，勝於世界上任何一個國家。哥倫比亞的國寶鳥類是安地斯山大兀鷹，羽翼長達三公尺，是全世界體積最大且重量最重的鳥類之一。聖馬爾塔雪山棲息了顏色十分鮮豔的鳥類，包括咬鵑、鳳冠鳥和體型嬌小的蜂鳥，據統計，當地已有六百二十八種鳥類列入世界紀錄；不幸的是，多數鳥類適合的棲息地恰好在種植古柯的地區，農民不斷破壞鳥類生長區，也使得政府逐漸重視鳥類的保育。

　　兩棲類動物多達五百八十三種，爬蟲類動物有四百七十五種，龜、蜥、蛇和凱門鱷均為數甚多，還有長達一‧八公尺的蚯蚓；哺乳類動物有四百五十三種；還有一些大型的熱帶齧齒類動物，如水豚、刺豚鼠和無尾刺豚鼠；肉食動物則包括浣熊、美洲獅及美洲豹。

　　安地斯山、亞馬遜雨林及喬科省森林中的動物種類極為豐富，其數量可說是無與倫比，包括鹿、猴類、西貒、眼鏡熊和食蟻獸等。也有為數不少的稀有動物，如居住在安地斯山荒地的貘，是一種長得像豬，但又和馬、犀牛有關的動物；羽翼長達三公尺的安地斯神鷹❸；還有聖馬爾塔雪山的樹懶、犰狳、美洲豹、食蟻獸和體積

❸安地斯神鷹是西半球最大的飛行鳥類，主要分布在安地斯山脈，自委內瑞拉、哥倫比亞，往南至厄瓜多、秘魯及智利，經玻利維亞和阿根廷西部至火地島 (Tierra del Fuego)。安地斯神鷹在安地斯山區的傳說和神話中占有重要的地位，傳說牠們與太陽神有關，象徵權力與健康，因此哥倫比亞、玻利維亞、智利和厄瓜多皆以安地斯神鷹作為國徽的圖騰。

較大的鬣蜥蜴、大烏龜。

　　亞馬遜雨林充滿了鳥類和蝴蝶，蜘蛛猿、捲尾猴、體型較小的狨猴及天竺鼠常出沒其中，呈現出一片生意盎然的景象，據估計至少有七千五百種蝴蝶、一千八百種鳥類、八百種昆蟲和大約二千種爬蟲類和兩棲動物。

　　太平洋沿岸豐富的海洋沉積物有助於當地特有植物、鳥類、蝴蝶和兩棲動物生長。喬科省地勢平坦，充滿沼澤、濕地及淡水湖，許多特殊植物都被列入世界紀錄，很久以前當地居民就已知道有一種身材很小，體重只有一公克多且色彩鮮豔的青蛙，稱之為葉毒蛙 (kokoe)，是一種毒性極強的動物，研究者發現只要用牠身上十萬分之一克的毒液，便可立即使一個人在短短幾秒內喪命，其毒性是眼鏡蛇毒性的五十倍，印地安人很早就知道將毒液塗在吹箭箭靶上，製造毒箭。

　　亞諾斯平原居住著超過一百種哺乳動物和超過七百種鳥類，有豹貓、狐狸、巨大水獺、奧利諾科烏龜，還有許多被列入世界紀錄的動物，如：身長達七公尺的奧利諾科鱷魚、世界上最大的齧齒目動物——南美洲無尾大水鼠、世界上最大、身長超過七公尺的蟒蛇，以及美洲最大的貓科動動——美洲豹。

　　哥倫比亞因擁有廣闊的內陸流域及瀕臨太平洋和加勒比海，海洋生物亦極為豐富，淡水魚包括鮎、脂鯉（體小，顏色鮮亮的熱帶魚）及博-卡奇卡魚 (bocachica)，電鰻也生活在內陸水域。聖安德烈斯—普羅畢登西亞群島附近擁有美洲最大的珊瑚礁，被公認為加勒比海最完整無缺的珊瑚礁海域，在該海域扮演著重要的生態環保角色，提供養分給四種瀕臨絕種的海龜、數以類計的魚類和龍蝦。

　　哥倫比亞共有三十八個國家公園和十二個州級自然保護區，總共占全國面積的百分之九，較著名的野生動物保護區有位於中科迪耶拉山內的布拉賽國家公園 (Parque Nacional Natural Puracé)，園內飼養了體型和狗一樣大的天竺鼠、瀕臨絕種的安地斯山大兀鷹和南美洲唯一熊類——眼鏡熊；泰羅納國家公園 (Parque Nacional Natural Tairona) 位

於山區內，一望無際的海岸線都是綠蠵龜的巢穴，每到繁殖期，便有為數眾多的綠蠵龜在夜間上岸挖洞、產卵。聖馬爾塔附近的「花卉與紅鶴保育區」(Santuario de Flora y Fauna Los Flamencos)，區內名符其實到處都是紅鶴。

二、奇花異草

　　氣候、土壤及地貌的錯綜複雜，造就了分布於不同區域的植物及植物群落，它們既因地勢高低而異，也因地域不同而異，豐沛的雨水也造就茂盛的植被生長。哥倫比亞的花卉就像動物種類一樣不勝枚舉，有超過十三萬種植物，三分之一屬地方特有的產物。哥倫比亞的國花是嘉德麗亞蘭花 (cattleya trianae)，取自於英國植物學家威廉‧嘉德麗 (William Cattley) 和哥倫比亞植物學家特利安納 (José M. Triana) 之名，光是全國境內就有三萬株不同品種的蘭花，四季都能生長。

　　東北部的半旱土地散布著沙漠灌木叢；亞諾斯平原的稀樹草原；東南方亞馬遜熱帶雨林有超過五萬一千種植物，大約至少還有二千種植物未被發現。太平洋沿岸的紅樹林品種就多達八種，占地約三千平方公里，對於保護海岸地區的生態環境極有幫助，除了紅樹林之外，還生長了一萬一千種植物，其中超過五千種生長在喬科省，因此喬科生態區也成為哥倫比亞最重要的生態區。聖馬爾塔雪山的植物種類繁多，由於雨季長，林中常被薄霧籠罩，長滿了糾結的藤類、樹苔和滿覆苔蘚的樹木，山的北部和東部低地較為乾燥，樹木因而較多刺、葉子較小，以減緩水分蒸發。

　　安地斯山坡種類繁多且複雜的山地森林生態系統，尤其在一千至二千公尺高度間，最適合多樣性植物生長，最高或最乾之地因土壤不適宜生長森林之外，其他地區最初都覆蓋著森林，後來因人為因素被砍伐殆盡。安地斯山的高山區是所謂的神秘境地，充滿了小湖、沼澤和深峻的溪谷，生長於斯的植物必須適應極端寒冷和烈陽高照兩種氣候，雜草和耐寒灌木是最普遍的荒地植物，還生長了許多類似雛菊

(frailejones) 植物，但身長卻超過三公尺。雖然很多高地現今已轉為農耕地，但有些地區仍作為保留地，位在東科迪耶拉山的艾爾戈奎 (El Cocuy) 和達瑪 (Tamá) 保護區的山谷底布滿了微小蕨類植物，山谷中的斜坡布滿綠草和鮮花，這些地區都是許多鳥類的棲息地。

蠟櫚，生長於中科迪耶拉山的熱帶地區，高度可達七十公尺，是全世界最高品種的棕櫚樹，因表面長有一層薄蠟而得此名，具有經濟、宗教和維持生態平衡的效益。樹幹表層的蠟可用來製作香皂及蠟燭，過去，在慶祝聖週 (Semana Santa)❹活動時，蠟櫚的樹枝常用於宗教儀式中，基督徒在棕樹主日 (Palm Sunday)❺當天，為了紀念耶穌進入耶路撒冷，便雙手拿著棕櫚樹枝揮舞，以展現歡欣崇拜之意，這項傳統年復一年持續著。蠟櫚也是牛、豬、眼鏡熊和其他哺乳動物的最愛，許多附生植物也依賴蠟櫚樹幹生存，沿著樹幹的不同高度可發現各式各樣的蘭花和地衣生長於此；一些鳥類如八哥、鸚鵡和巨嘴鳥甘冒風險飛到如此高的蠟櫚樹枝，品嘗其甜美營養的果實，卻也間接造成自然播種的困難，使得蠟櫚數量減少，然而，人類的砍伐是造成蠟櫚減少的最直接原因，這也使得只在蠟櫚樹上築巢的黃耳鸚鵡數量銳減。

有鑑於蠟櫚的重要性，哥倫比亞於 1985 年將之訂為國樹，制訂法律禁止砍伐，並在中科迪耶拉山成立國家公園，以保護蠟櫚及其生態環境，進而每年吸引大批遊客到此觀光。天主教會為了維持與哥倫比亞政府和諧的關係，亦配合政府禁令，呼籲國民以其他的棕櫚樹枝舉行宗教儀式。政府也種植了數千株蠟櫚樹，成效頗佳，2006 年黃耳鸚鵡的數量也增加到六百六十隻。

❹復活節前的一週。

❺或稱作「聖枝主日」，指復活節前的星期日，也是四旬齋中的最後一個星期日，是紀念耶穌進入耶路撒冷的日子，據《聖經・新約》記載，耶穌進入耶路撒冷的那一天，城裡民眾在路上鋪滿棕櫚樹枝 (palm) 以迎接祂。

其他還有許多具經濟價值的植物，如金雞納樹的樹皮和樹根蘊藏三十多種生物鹼，以奎寧的成分最多，奎寧具有對抗瘧疾的藥效，可提煉為藥劑治療瘧疾；巴拉塔樹膠，用於製造絕緣電線、高爾夫球和口香糖；象牙棕櫚的果實，可雕可畫，堅硬光滑，材質媲美真的象牙。

第三節　天然資源

一、綠寶石

綠寶石，又名祖母綠，與鑽石、紅寶石、藍寶石並稱世界四大珍貴寶石。綠寶石的綠是生命和春天的色彩，古希臘人稱它為「發光的寶石」，代表愛情、幸運、財富和永生，象徵尊貴、美好和豐收。印度的神聖經文《吠陀》寫著綠寶石會給佩帶者帶來好運。在古羅馬，綠色是維納斯 (Venus) 的顏色。目前最優質的綠寶石出產於南美洲，而南美的印地安人將綠寶石視為神聖寶石。

早在西班牙人到達哥倫比亞之前，印地安人的宗教儀式中已將綠寶石當做裝飾品。十六世紀，西班牙征服者曾聽聞哥倫比亞聞名遐邇的綠寶石，但不知綠寶石藏在哪裡，當征服者入侵瓜切達 (Guacheta) 村莊時，他們因看到印地安人展示的綠寶石而激動不已，便無所不用其極，試圖問清那些奇妙寶石的隱藏地，並因此而嚴重折磨印地安人，印地安人最後只好揭示神山的秘密。1537 年，西班牙人在那裡建立第一座綠寶石礦坑，並開始挖掘，將許多綠寶石運送到世界各地販售，為了開墾礦山，甚至從非洲引進大批黑奴。西班牙人離開後，博亞卡 (Boyacá) 山區的歷史始終不乏因爭奪綠寶石而引發血腥氣息。早期最著名的二個礦區分別是位在博亞卡山區的穆索 (Muzo) 和契波爾 (Chivor)。契波爾礦山因開採過量於 1961 年關閉，穆索的產量最多，綠寶石稍帶黃色，價格最高昂，被視為世界上最美觀、最優質的綠寶石，且被譽為「女神的眼淚」。

　　穆索當地一直流傳著綠寶石的愛情傳說：據說天神「阿萊」(Are)，沿著馬格達雷納河創造了宇宙、大地和生命，阿萊用泥捏了兩個人偶，將他們放入清澈的河中賦予生命，女孩取名富拉 (Fura)，男孩取名得納 (Tena)，兩人可永保青春，但必須遵守永世相愛的諾言，否則將會面臨年華老去和死亡的威脅。他們在那塊土地共度了好幾世紀，繁衍後代，創造了穆索的繁榮，直到一位名叫薩爾比 (Zarbí) 的異族青年為了尋找一種可以治療各種疾病的奇花來到穆索，經歷了數日徒勞無功的尋找之後，富拉基於同情便協助他找到奇花，雙方因此墜入愛河。富拉抵不住良心譴責，終日憂傷而逐漸衰老，當得納察覺兩人忠貞不渝的誓言遭到背叛，且富拉將於三日內死去時，傷心欲絕的得納拿起尖刀，用力刺穿胸膛，死在富拉身旁。得納的死讓富拉痛不欲生，她嘶裂的哭喊聲劃破了寂靜的山谷，驚擾了數百萬隻彩蝶，懊悔的眼淚在太陽照射下變成一座座綠寶石山，這便是哥倫比亞淒美的綠寶石傳說。為了復仇，得納在死前欲將薩爾比變成一塊矗立遠方的光禿禿石塊，他才可不斷地從天空中以樹枝刺向變成石頭的薩爾比；薩爾比得知後，先取出自己的內臟，讓流出的鮮血變成洪流淹沒穆索地區，當他看到富拉、得納的屍體雙雙緊抱在一起時，嫉妒憤怒的洪水誓將兩人沖散，薩爾比的鮮血後來就成為水流湍急的米內洛河 (Río Minero)，從高處急促流下形成將富拉和得納分開的深淵。

二、黃　金

　　哥倫比亞黃金的儲量和產量早已名聞遐邇，喬科、考卡和安蒂奧基亞等地有豐富的金礦。早在三千多年前，印地安人就開始開採黃金，黃金對印地安人而言是一種神聖的金屬，代表肥沃和生命的象徵；相反地，對於歐洲人則代表了金錢和財富。十七世紀，哥倫比亞的黃金產量高居全世界百分之四十，到十九世紀中期，依然占百分之二十，據統計，從十六世紀初到十九世紀末，哥倫比亞一直維持著年產黃金三千五百公斤左右，居整個西半球的第一位，實在不負「黃金之國」

的美譽。直至今日，黃金仍然是哥倫比亞的一個重要產業部門，但由於已開採多年，儲藏量逐步減少，黃金產業的重要性也在逐步下降。

三、其他礦產

哥倫比亞的自然資源豐富，早在殖民地時期就已發展採礦業，除上述提及的綠寶石和黃金之外，煤礦的儲藏量占全南美洲的百分之四十以上，是拉丁美洲國家中擁有最多煤礦的國家，集中在安地斯山區和北部的瓜希拉半島，最大生產地是瓜希拉半島的塞雷洪 (Cerrejón) 煤礦場，產量高達全國的百分之六十五。

其他礦藏還包括石油、白金、銀礦、銅礦、鎳礦和鐵礦等。喬科省是目前南美洲唯一發現有白金礦藏的地區。亞諾斯平原北部及亞馬遜地區有石油。長期以來，東科迪耶拉山一直是岩鹽、大理石、石灰岩的產區。太平洋沿岸的鋅礦、鎳礦、鎢礦、錳礦、錫礦、銅礦、鉻礦和鋁氧石儲量亦很多。

第二章
文化資產——
前哥倫布文明

　　拉丁美洲的環加勒比區域文明包括安地斯山北部地區、中美洲（瓜地馬拉、宏都拉斯、貝里斯和薩爾瓦多之外）、委內瑞拉部分地區、大安地列斯群島和玻利維亞東部，這一地區處於馬雅、阿茲特克和印加三大文明之中，文化及社會發展深受其影響，主要從事農業生產活動，哥倫比亞的安地斯山區恰好屬於環加勒比文明。

　　前哥倫布文明 (precolombina) 指的是哥倫布於西元 1492 年抵達美洲大陸前的印地安原住民文化，如同拉丁美洲其他國家一樣，哥倫比亞在西班牙人到來之前，居住著許多原住民族，蘊藏著豐富的原住民文化。西元 1200 至 1510 年間，是哥倫比亞原住民文化發展最完整且未受到西班牙文化影響的時代，社會階級複雜，城市發展壯觀，政治行政制度完整，口述及抽象的傳說，藝術作品無以計數，不僅有小型部落聚集，農業、陶器製造及紡織亦已普及，在在顯示了真正的文明發展。哥倫比亞的原住民文化與墨西哥的馬雅、阿茲特克文明或秘魯的印加帝國相比，其最大的差異在於並未發展成一個中央集權的大帝國，而是分別形成一百二十多個不同種族的印地安王國，各自擁有自己的語言、傳說和風俗習慣。

　　1967 年，在波哥大草原附近一個叫做小海灣 (El Abra) 的巨林石洞

中發現一批石製工具，推測其年代約在西元前一萬二千四百年左右，代表著古印地安人早在當時便已遷移至南美洲，是哥倫比亞最早發現的原住民。該遺址也是美洲地區人類最早定居的其中一個落腳處。哥倫比亞早期文明遺留了豐碩的手工黃金及陶藝品等文化資產，具有高超手藝的工匠將泥土鑄造成雕像和陶藝品，陶藝品上繪以動物、鳥類圖案，用許多小點點和渦紋設計成 Z 字形圖案是其常見的手法，演奏的樂器有排笛、蘆葦或金笛。

第一節　黃金國傳說

一、起源與傳說

　　有關拉丁美洲新大陸的「黃金國」傳說眾說紛紜，一般較可信的版本是指西元 1533 年西班牙征服者皮薩羅 (Francisco Pizarro)，率兵進入位在秘魯境內的印加帝國重鎮卡撒馬爾卡 (Caxamarca)，大肆搜刮印加帝國的金銀珠寶後，由印加帝國的使者口中得知「黃金國」指的是「穆伊斯卡族 (Muisca)」國度。

　　穆伊斯卡族興起於西元六至十二世紀，被視為南美洲繼印加帝國之後政治制度發展最完善的民族，他們與潘西族 (Pance)、莫里同族 (Moliton)、泰羅納族 (Tairona) 和歐畢塔族 (Opita) 維持著友好的關係，而且都說「奇布查語」(Lengua Chibcha)，故穆伊斯卡族也可稱為奇布查族。穆伊斯卡族定居於東科迪耶拉山山谷和馬格達雷納河流域，亦即今日的昆迪納馬卡省 (Cundinamarca) 和博亞卡省，影響遍及哥倫比亞中部、西南部和厄瓜多東部山區，根據考據顯示，在西班牙人到來之前，穆伊斯卡族的人口約有一百萬人，由五十六個部族所組成。

　　穆伊斯卡族崇拜各式神靈，他們在蘇加莫索 (Sogamoso) 神殿祭祀太陽神蘇埃 (Sué)，在奇亞 (Chía) 神殿供奉的月娘神奇亞，還流傳著許多神話。據說世界被創造出來後不久，一名長得十分美豔動人的女子

巴丘艾 (Bachué)，帶著襁褓中的兒子從伊瓜戈聖湖
(Laguna de Iguaque) 來到平地，待在湖邊撫養孩子，等
他成人後便嫁給他，兩人生了很多孩子。巴丘艾教孩子
們打獵、耕種，培養他們守法以及崇拜神靈的觀念，當
巴丘艾和她的兒子──亦即她的丈夫──年老時，兩人
決定返回聖湖，變身成蛇，他們便是穆伊斯卡族的祖先。
由於巴丘艾的形象如此美好，因此穆伊斯卡人將其視為
聖母、大地女神，同時也是農作物的守護神，象徵穀物
豐收，每逢節日，穆伊斯卡人便朝著湖泊投入大量貢品
和金銀寶石以祭祀先祖，這也是為何穆伊斯卡族將湖泊
視為聖地的原因❶。

❶其他印地安族
的聖地是廟宇，此
為穆伊斯卡族與
眾不同之處。

　　此外，相傳他們的創始英雄是來自東方的波奇卡
(Bochica)，到達波哥大草原南部定居後，向穆伊斯卡人
傳授文明、道德法則和製造金屬器具的先進技術。然而，
並非每個人都接受其教導，一個名叫烏伊達卡 (Huitaca)
的壞心眼美女，煽動人們繼續尋歡作樂，漠視波奇卡的
教導，繼而變本加厲地鼓動穆伊斯卡族工匠和商人的守
護神奇布查庫姆 (Chibchacum) 引發洪水淹沒大地，波
奇卡於是用金色魔杖在岩石上劈出一道溝渠，將水引進
溝渠中，再流入大海，及時化解一場災難。為了懲罰他
們，波奇卡將烏伊達卡變成貓頭鷹，守護著天空，將奇
布查庫姆變成大地，從此不得不用他的肩膀支撐世界，
波奇卡因而被視為穆伊斯卡的創始英雄。

二、社會制度

　　西元前一千年前開始，印地安部落開始發展「酋長
制」(cacicazgos)，亦即一種以酋長 (cacique) 為首的金字
塔權力結構，他們過著群居生活，村莊人口稠密，勞動

分工細密，有宗教組織、階級制度，組織制度十分完善，政治和宗教職位都實行母系繼承。當時的社會階層分為酋長、貴族、平民和奴隸。

酋長是最高統治者，享有至高無上的權威，可以召集武士進行戰爭，有權徵收賦稅，供應作戰武士溫飽，戰爭中的獲勝者可以得到酋長賞賜的棉毯，並且晉身為武士，酋長的家是村民們聚會場所，也往往是供奉神祇的地方。貴族是酋長在國內各村落或地區的統治者，有些貴族是酋長的親戚，其他還包括立下戰功的武士，或從事宗教活動的祭司，祭司須從小開始訓練，長大之後被賦予權力，可以執行宗教儀式，只有他們可以進入王室神殿的內部。平民是指一般的老百姓，從事農業耕作，向酋長繳稅，為酋長耕地築屋，以獲取保護。奴隸僅指戰爭中的俘虜，男子用以獻祭，女子納為妻妾。

酋長制的特色及優點眾多，大致上可分成： 1.農作物種類繁多，保證食物的供應； 2.食物豐富，除自給外尚有剩餘，使一部分人可以不必投入生產活動，轉而從事行政、軍事、宗教和手工技藝活動； 3.有長期固定的耕地和村落； 4.人口增加，出現沒有血緣關係的族群，共居於大型村落； 5.設立神廟、國家機構，形成社會階級和戰爭爭奪現象，使一些村落的聯繫得以加強。

穆伊斯卡人的曆法也相當先進，已經算出 6 月 21 日是一年中太陽出現最久的一天，每逢夏至便舉行慶典，無論男女老幼都盛裝打扮聚集在太陽神蘇埃的神殿前，喝著由國王斯巴 (Zipa) 賞賜的玉米酒，又唱又跳；第二天，他們會獻上祭品，祈求來年五穀豐收，之後，斯巴現身，賜福給全族，這是一年中子民們可以看見斯巴的唯一機會，慶典一直持續四天。他們也訂下許多規矩讓族人們遵守，例如：森林和湖泊由全體族人共享；建立打獵制度，可自由打獵及捕魚；遇有戰爭、饑荒或乾旱時，全體酋長齊聚一堂共商大策，並且將決議告知負責傳達訊息的「提烏基內斯」(Tiuquines) 使者，由他們告訴散居在草原上的全體族人。

三、經濟生活

穆伊斯卡人種植玉米、豆子、南瓜、棉花、馬鈴薯和古柯，有精耕細作的農業，精密的灌溉系統，並且沿著山坡開墾成梯形農地，經濟發展非常穩定，壟斷銅礦、煤炭，是唯一開採綠寶石的民族。巴卡大、喬孔大 (Chocontá) 和韋撒 (Hunza) 是主要的貿易集散地，族人可在那些地點自由交換鹽、玉米、蜂蜜、水果及穀物等食品，甚至一些奢侈品，如：棉、羽毛、銅礦、黃金、古柯和蝸牛殼，以鹽產和綠寶石與其他部族交換木材、皮料和可可的種子，發展出以物易物的商業行為。穆伊斯卡文化於十五世紀進入鼎盛時期，組成「穆伊斯卡聯盟」，雖然沒有大帝國的勢力，生活卻相當富裕，除培育各種農作物外，亦熟知各項技藝，如：採礦、淘金、紡紗、織布、製陶染色、雕刻神像、取湖水提煉食鹽、用石頭鋪路、造橋、建築神殿，有高度的審美觀，懂得以黃金、白銀和寶石將建築物裝飾得美輪美奐。

四、黃金用途

穆伊斯卡人具有高度的製金工藝，從金礦的開採、淘洗、冶煉、鍛造、鍍金到蠟坯鑄造，形成一套獨具風格的加工技藝，每個步驟分工都極為細緻，產品也有嚴格規定。歷史學家認為一個民族的金屬冶煉和加工技術，能夠反映其文明的發達程度，考古學家則肯定每個製作黃金的部落，是一個高度發達的中央集權社會；綜合這兩項觀點，再檢視穆伊斯卡人製金工藝的發展和嚴謹的社會階級，均足以說明穆伊斯卡文化具備高度文明的基礎條件，故而有一種說法，即拉丁美洲除了馬雅、阿茲特克和印加文化之外，穆伊斯卡文化也可以並列為第四大文化，而且對哥倫比亞的文化發展影響甚大。

由於黃金質地較軟，不適於製成武器或工具，大多製成與宗教崇拜有關的非人非獸造型飾品、人像、神像和器皿，金飾的大小和式樣依佩帶者的地位和職位來決定，製造過程費時費工，價值十分昂貴，

❷位在首都波哥大附近，是古代「黃金國」的中心。距離波哥大七十五公里遠，是穆伊斯卡族的聖湖及宗教儀式中心，也是黃金人的傳說之地。傳說該湖是二千年前降下的一顆巨大流星所造成，並且留下一個像火山口的圓孔，印地安人認為是黃金神降臨，並從此住在湖底，因此該湖成為印地安人膜拜的目標。當西班牙人看見印地安人把黃金扔進瓜達比達湖時，他們試圖從湖底找回寶物。在經過四個世紀的挖掘、引水、抽水之後，最後發現了一些黃金，其中最著名的是於 1856 年發現的燈心草筏 (Balsa Muisca)。

只有酋長和貴族階層才有權使用。基本上黃金的主要用途為裝飾、祭祀及陪葬。

1. 裝　飾

從五世紀開始，印地安人就習於將黃金當做裝飾品，如耳環、鼻環、項鍊、手鐲、腳鍊、假面具等首飾，還有壺、杯、盤、碗、碟及香爐等擺飾，這些裝飾品或菲薄如紙，或纖細如絲，個個玲瓏剔透，一個人身上佩帶黃金的多少，可顯示其社會地位高低。

2. 祭　祀

印地安人信奉太陽神，因此黃金也用在對「太陽神」的祭祀儀式中。傳說在安地斯山脈深處的印地安部落裡，每逢酋長傳位加冕或祭天拜神時，必須在山洞裡隔離數日，禁食食鹽和辣椒，也不能跟女人行房，然後在指定的日子正式到湖裡祭神，湖邊準備好一艘用金銀珠寶裝飾得美輪美奐的燈心草筏，草筏上備有四個點燃的香爐，岸邊也點著香爐，香爐冒出的濃煙大到足以遮住太陽光。接著，酋長全身塗滿樹脂，黏上金粉，變成「黃金人」(El Dorado)，在四名巫師的陪伴下登上草筏，當到達湖中心時，他們便向太陽神祈禱，將所有寶物投入湖中，黃金人亦潛入湖中，將身上的金漆洗掉，巫師則把金飾品拋向湖中，祭祀神靈，其他族人則全身披掛著閃閃發光的金器飾物站在岸邊歡唱，並將金器、寶石、翡翠等財寶投入湖中。

此即黃金人的傳說，指的就是穆伊斯卡族的祭拜習俗，可推測當時該地區金器數量之多，使得哥倫比亞「黃金國」的美稱不脛而走。西班牙殖民者在黃金夢的驅使下，進行大規模遠征，到處搜尋黃金人，掀起了瘋狂的盜墓熱，並修建熔煉爐，把搶奪到的金器熔化鑄成金錠

圖 2：燈心草筏　是穆伊斯卡族最精心製作的黃金製品，也是其宗教儀式的最後證據，目前保存在黃金博物館中。

運回母國，最後他們認為傳說中的湖就是瓜達比達湖 (Laguna de Guatavita)❷，黃金人傳說就一傳十、十傳百的變成一個地名，甚至是一個國家，引發後代子孫四處尋找所謂的「黃金國」。

　　西班牙征服者在哥倫比亞、厄瓜多、秘魯、墨西哥、委內瑞拉、亞馬遜河及奧利諾柯河沿岸四處尋找黃金人。今日這些國家仍堅稱對黃金人擁有權利，也為了黃金人的所有權而爭執不休，均強調「黃金國傳說」是發生在自己的國家❸。

3.陪　葬

　　印地安人與其他古老的民族一樣，相信人死後還有來世；因此，當一個人去世時，親友會將金器塞入死者腹內，防止屍體腐敗，保護靈魂，並且在棺木裡擺放一些生前用過的黃金飾品當做陪葬品。在他們的信仰中，死後生活是件重要的事，而陪葬品的多寡是判斷死後生

❸很多史學家和研究人員是根據瓜達比達湖的地理位置而相信哥倫比亞是黃金人的傳說地。

活的標準。

第二節　失落之城

一、起源與傳說

　　以原住民話來說，失落之城 (Ciudad Perdida) 就是指「德猶納市」
(Teyuna)，由居住在聖馬爾塔雪山北部和加勒比海沿岸的泰羅納原住
民所建造，是目前發現該族的最大城市，為前哥倫布時期被發現的美
洲大城之一，也是繼馬丘比丘 (Machu Pichu) 後南美洲最重要的考古發
現，比馬丘比丘古蹟大好幾倍。

　　失落之城的正確位置在聖馬爾塔雪山的布利達卡河 (Río Buritaca)
河谷上方約九百五十至一千三百公尺山坡上，據推測該市興建於十一
至十四世紀，範圍約〇‧三五平方公里，是泰羅納族主要的政治和經
濟中心，市中心位於高出的山脊上，估計當時約有二千至四千人居住
於此。泰羅納族有許多崇拜的神靈，其宇宙起源傳說為：當世界仍混
沌不明、一切都不存在時，只住著一個名叫「宇宙之母」的女子，就
在她生下第一個孩子──也是世界上第一個男人──之後，光明隨之
到來，這天也是全世界的第一日，這個男孩取名辛塔納 (Sintana)，由
於宇宙之母善於紡織，於是她將紡紗用的大紡錘插入山上最高的頂峰，
然後不斷地拉出細紗將山層層圍成一個大圓圈，並且說道：「這些線紗
圍住的地區將成為我兒子的土地」，世界因此而成形，辛塔納後來成為
一名英雄，組成第一支「曼尼卡托斯」(Manicatos) 軍隊，後來泰羅納
族的戰士們都統稱為曼尼卡托斯。

　　1525 年，西班牙征服者巴斯帝達斯 (Rodrigo de Bastidas) 到達之後
造成泰羅納王國的沒落，到了 1550 年已有超過百分之八十的族人被滅
亡，徹底摧毀了泰羅納族，剩下百分之二十的人口則躲入深山之中，
一切建設都消失於隱密的森林中，毫無蹤跡可循，因而成為神秘的失

落之城達四世紀之久，直到 1975 年被當地一名盜墓者賽普維達 (Florentino Sepúlveda) 和他的兩個兒子凱撒 (Julio César) 及哈可波 (Jacobo) 偶然發現，消息一經披露，引發其他盜墓者紛至沓來，彼此為了出土文物和墳墓寶藏而互相廝殺鬥毆，盜墓者稱它為「綠色地獄」(El Infierno Verde)。

1976 年，政府派遣軍隊進駐保護，考古學家也相繼到此研究，以探究其奧秘，但零星的爭奪及偷竊行為仍持續好多年。經由考古學家的探勘挖掘，墓穴中發現許多泰羅納族的物品，例如：陶器、金屬製品、由半珍貴石頭製成的特殊項鍊，這些物品現今都展示在波哥大的「黃金博物館」(El Museo del Oro)。

二、社會制度

泰羅納族的語言屬於奇布查語系，也屬於穆伊斯卡族，因此穆伊斯卡族和泰羅納族之間存在著某種程度的文化關聯，彼此也互相影響。

泰羅納族沒有組織完整的國家軍隊，但是每個部落都提供最驍勇善戰的男子，接受作戰訓練，由部落酋長推派出的代表組成委員會負責訓練，一旦完成訓練，這些男子就可成為勇士，進而成為泰羅納族的「曼尼卡托斯」。泰羅納族的行政結構並不十分完善，根據文獻考究，超過一千人居住的大部落都實施酋長制，酋長具有一點神權，是部落中半神化的領袖，每位酋長在統治的部落中執行宗教儀式、行政和司法任務，泰羅納王國內最有影響力的是令人崇拜且地位高尚的祭司，每當酋長們意見分歧時，便由祭司來左右委員會的決定，一切遵從神明的旨意來領導族人生活。

三、經濟生活

泰羅納族以捕魚、耕種或與其他部族以物易物的方式為生，經濟自給自足，居住的區域遍及各地，從海邊到山區，因而開闢出許多從海邊通往山區的道路。

　　食物方面，除了想到將蜂蜜加入飲料中飲用，由於聖馬爾塔雪山生產的玉米非常硬無法食用，為了易於嚼食，便將玉米和麵團揉和在一起，發明了玉米麵包 (bollos)，這項技藝後來傳到錫努族 (Sinú)，但因他們居住的地區更適合栽種玉米，故被視為玉米麵包的發明者。每年夏至為了慶祝玉米節，他們會將鸚鵡及其他鳥類的羽毛剪掉，作為頭飾或點綴在衣服上。

　　現今生存在聖馬爾塔雪山的「科吉族」(Kogi) 即是泰羅納族的後代子孫，白雪覆蓋的山峰對他們而言是神聖不可侵犯的，因為他們相信那座山就是宇宙的中心。隨著外人入侵，科吉族越往山林深處遷移，也越能保存許多古老的文化和宗教儀式，他們非常保護自己的土地，拒絕外人進入以對抗工業化、現代化和人口成長的壓力，也因為過去五個世紀以來，始終保持原始社會的生活型態，因此被視為最有特色的原住民部落。

圖 3：科吉族嬤嬤

　　一個典型的科吉部落中心有一間為男人建造的屋子，圍繞四周的是女人和小孩居住的小屋，祭司被認為是部落中最重要的人物，他們決定所有家族和團體的事務，而且當部落遇到危急時有權召集全體族員。祭司又被稱為薩滿 (shaman) 或嬤嬤 (mama)，一出生即被選定，九歲之前都生活在黑暗的山洞中學習屬靈生活，青春期過後可以選擇是否要繼續在洞中學習精神教育，二十歲之後返回到部落中就可成為嬤嬤，領導科吉族的精神和社會生活。

　　大多數科吉人都沿著山坡地耕種，每個家庭擁有自己的土地，種

植木薯（又稱為絲蘭）、大蕉、玉米、水果、甘蔗、蔬菜、鳳梨、鱷梨、山荔枝、番石榴和馬鈴薯，也飼養牛、羊、雞和火雞，以強韌的龍舌蘭纖維做材料，手工編製吊床、網子、袋子和繩子等物品，連工具也是自己用木頭或石頭打造的。科吉族並沒有自己書寫的文字，以世代流傳的說故事方式來紀錄自己的歷史和宗教。

四、工藝成就

　　前哥倫布時期的城市規劃中以泰羅納族的失落之城最為出色，雖然住宅沒有保存下來，但梯田、小路和階梯等複雜的石頭結構網路，都依然完好無缺，依悉可數出有一百五十個石頭堆砌的露臺，最大的露天看臺位於村落中央，祭祀活動都在那舉行，因而可以藉由露臺的結構來推測其城市生活的形式。

　　失落之城的出土證實了泰羅納人是傑出的工藝匠，他們建造出南美大陸最大的城市之一和寬闊的街道，藉由道路和外面的世界交通往來，部落內所有城市或小鄉鎮的交通往來，從山腳到偏遠山區的道路或橋樑全都由石頭鋪成，互相連接著。穿越層層濃鬱的茂密森林後，才會隱約看到被糾結混亂植物所遮蔽的狹長石頭小徑，越往上爬，只見石頭堆砌成的基碑和露天看臺，住屋設計呈圓形，沒有窗戶，以棕櫚樹為屋頂，居住十分涼爽，沒有任何多餘的裝飾，只有用石灰加水的顏料塗在陶土和石頭堆砌的牆上，屋舍建築露臺和大型公共廣場。部落擁有疏通山澗流水的水道，「聖屋」是智者先知和全體居民們共同集會的地方，也是他們傳達天神旨意及教導孩子的地方。

　　泰羅納人的文化發展水準值得探討，無論是建築、工程、農業或是水利知識都很豐富，進步完整的國家制度與某些歐洲國家相比毫不遜色，在金銀加工技藝方面可說是箇中翹楚，並且發展出相當純熟複雜的製金技術，例如從穆伊斯卡族流傳來的「脫蠟法」。十六世紀初，他們的財富引起加勒比海沿岸的加勒比族 (Carib) 及西班牙人的虎視眈眈。

第三節　其他文明

　　除了穆伊斯卡和泰羅納文明之外，哥倫比亞境內由北向南的印地安原住民分布依序為：錫努河河口的錫努族、烏拉霸族，考卡河低地的金巴亞族 (Quimbaya)，安地斯山西部的托利馬族 (Tolima)、卡利馬族 (Calima)、堤耶拉丹特羅族 (Tierradentro)、聖奧古斯丁族 (San Agustín)，太平洋沿岸低地的突馬科族 (Tumaco) 及最南部的納里紐族 (Nariño)。其他則有庫納族 (Kuna)、維托托族 (Witoto)、圖卡諾族 (Tucano) 和東部地區的瓜希波族 (Guahibo) 等。各個部落的習俗和文化發展不盡相同，例如：穆伊斯卡族的組織制度完善，瓜希波族卻是居無定所的遊牧民族；大部分部族都居住在泥土或木造的房子，但錫努族卻有十分精細的住屋結構，他們有一個相當大、足以容納一千人的神殿，現今的哥爾多巴省和蘇克雷省是受到錫努族文化影響最深的地區；也有許多部族以採礦、陶藝和紡織著稱。

一、聖奧古斯丁文明

　　聖奧古斯丁村落位在哥倫比亞烏伊拉省 (Huila) 南方、馬格達雷納河谷上游，海拔約一千八百公尺高的雨林區，在首都波哥大西南方約四百五十公里處，靠近厄瓜多邊境，為聖奧古斯丁文明的發源地。此遺址於 1752 年被阿斯杜迪約 (Alejo Astudillo) 發現，考古學家陸續在墓穴中發現陶器和金屬製品，相信有部落領袖的存在，居民以農業為生，種植穀物、蔬菜、水果，也進行狩獵和捕魚，擁有極高超的製陶技術。目前對聖奧古斯丁文明的了解甚少，因為他們沒有文字，專家只得運用科學方法猜測其歷史發展：大約開始於西元前二世紀，八世紀為鼎盛時期，消失於 1250 年左右，在歐洲人抵達前幾個世紀就已消失，無法得知消失的原因。

　　聖奧古斯丁文明主要由三個主體組成，分別是聖奧古斯丁考古公

圖 4：哥倫比亞印地安文明分布圖

園 (Parque Arqueológico de San Agustín)、偶像高地考古公園 (Parque Arqueológico Alto de los Ídolos) 和石頭高地考古公園 (Parque Arqueológico El Alto de las Piedras)。聖奧古斯丁考古公園位於聖奧古斯丁城西二‧五公里處，占地〇‧七八平方公里，於 1995 年被聯合國教科文組織列為世界文化遺址，是哥倫比亞及南美洲赫赫有名的考古

圖5：聖奧古斯丁考古公園內的巨大石雕

區，由四個小平臺 (mesitas) 所組成，是古代殯葬的遺址，從遺址中可看出當時已有階級觀念，重要人物的墳墓往往建成宏偉的建築，普通人的墳墓就簡單的設在自己居住的屋棚下方。

　　公園中的遺址分散在馬格達雷納河上游峽谷兩側的寬廣地帶，遺留下超過五百個不可思議的巨大石雕，不僅形狀種類繁多，亦保持完好無缺，從遺留下的神像、石雕、石棚、石柱和墳塚可推測出當時社會已呈高度化發展，並且有虔誠的宗教信仰和巫術，居住在此的印地安人創造了燦爛的文化。那些石雕有動物造形，也有幾近逼真的擬人形狀，雖然身著不同的衣服、髮型和裝飾，共同特徵是眼睛既大且圓，或者又細又長，大多被雕成矮矮胖胖的樣子，形狀多是矩形和橢圓。雕像有多種尺寸，最大的重達數噸，中等的雕像介於二到三公尺，小的雕像則約三十至八十公分，有些已超過二千年歷史。雕像一般都是正面、直立和左右對稱，有男有女，有些被認為是太陽神（男）或是月神（女），太陽神通常有固定的羽飾和短斧頭，守衛著重要人物的墳墓，月神往往和水、月亮、夜晚有關；有些雕像被認為是巫師，披著毛皮，戴著面具，拿著儀式性的權杖；其他則是巨獸形狀，有蛇、鷹、猛禽和猴子等，意味著靈魂不死或投胎轉世之類的概念，也有其他寓

意，例如老鷹是權力和光明的象徵，青蛙則與水聯想在一起，美洲豹尖利的犬齒，齜牙咧嘴兇惡的表情，代表著薩滿的化身。

園內最重要的三處景點為「洗腳泉神殿」(Fuente-Templo de Lavapatas)、「雕像林」(Bosque de las Estatuas) 及「考古博物館」(Museo Arqueológico)。考古學家總共編了包括五百三十六尊雕像的目錄，其中還有許多謎團尚未破解。洗腳泉神殿的「洗腳泉」(La Fuente de Lavapatas) 是聖奧古斯丁考古公園中最大的一座雕刻，位於山谷的天然峭壁上，直接在石頭上雕刻出一道道蜿蜒曲折的人工溝渠，引水流入，山澗河床上刻著蛇、青蛙、烏龜、蜥蜴、蠑螈、大蜥蜴和變色蜥蜴的臉，再搭配擬人化的身形，充分展現出該文化雕刻及創作的才能，這些雕像代表著聖奧古斯丁人的神祇，象徵富饒及財產。有人認為聖奧古斯丁人具有原始的物理知識，才會雕刻出比例完美的小溝渠線條及水池圓圈，且都藉由水流的幫助，輕易控制水流對石頭或其他材料的磨損。雕像林擺放了來自不同地方的三十五座手工精細石雕，安置在一條蜿蜒穿過叢林的小路旁。考古博物館展出較小的雕像和陶器。另外引人注意的石雕有「兩面一體」(Doble Yo)，是由石頭雕塑的戰士，具備二元特徵，兩個身體重疊著，兩個頭呈上下排列，象徵男性和女性結合在一起，也是具有巫術者的象徵。

偶像高地考古公園位在聖荷西伊斯諾斯 (San José de Isnos) 附近的小城鎮，距離聖奧古斯丁村落十五公里，海拔高度約一千九百五十公尺，是一個由原始自然森林圍成的棱堡，由人工將廣場修築成馬蹄形，以墓塚和大型石基聞名，公園裡最大的雕像超過七公尺。石頭高地考古公園位在偶像高地考古公園的北方十公里處，兩個公園內都有一系列保存完善的殯葬石雕、石棺，呈現出各種不同的埋葬形式，有簡樸的墳墓，也有大型的礦井墓穴，穴內擺放著一整塊巨石石棺，牆壁和雕像繪有許多紅色、黑色及黃色的圖畫。每座墳墓中的屍體呈現不同姿態，或站或躺，有些則是集體埋葬。

二、堤耶拉丹特羅文明

堤耶拉丹特羅考古公園距離聖奧古斯丁不遠，位在考卡東北方、烏伊拉省的邊境，占地約二千零八十五平方公里，同樣於 1995 年被聯合國教科文組織列為世界文化遺址。因該地點位於群山縱谷交會之處，頗有被群山環抱，無法找到出口離去的感覺，故當初西班牙人依此地理特色而將之命名為堤耶拉丹特羅（Tierradentro，西班牙文之意為地底深處）。

堤耶拉丹特羅文明，同樣以精緻的石雕及陶器著名，也是在歐洲人抵達之前好幾個世紀便已消失，但與聖奧古斯丁文明沒有任何關係。至今，考古學家在當地的山頂已發現好幾百個石頭打造、直徑約二至七公尺的地底靈寢，有些只位於地表下，有些位於地底九公尺深處，圓形屋頂以厚重的柱子支撐，目前發現最複雜的墳墓是內部設計成螺旋狀的階梯構造，洞穴的牆壁遺留許多有趣、神秘且製作精美的繪畫和幾何圖形，以白底搭配紅黑兩色，代表生與死，房間的圓柱和牆面刻著人形。

從考據中顯示，該族非常注重埋葬習俗，完整的葬禮儀式分成兩個階段，第一階段通常是單獨埋葬，將死者放在地底、不是很深且有一個小偏廳的石墓中，四周擺放陪葬品，陪葬品有雕刻美洲豹的護胸甲、手鐲和項鍊等金飾，從作品中可窺見深受生與死觀念的影響，石板蓋住偏廳入口，過了一段時間之後，再將遺體移到另一個地點，進行第二階段的埋葬。第二階段是將統治者及部落長者的骨灰，放入沒有蓋子的陶製骨灰甕中，再集體安奉在較深的地底靈寢中，以表示對死者的尊重。

公園內較知名的景點有「塞戈維亞高地」(Alto de Segovia)、「鱷梨高地」(Alto del Aguacate)、「聖安德烈斯高地」(Alto de San Andrés) 和「妖魔鬼怪高地」(Alto del Duende)，均是建築在地底下的墓穴，有些還保存著完好的裝飾圖案。

第四節　黃金博物館

一、製金工藝

　　美洲最早出現金屬製品的時間與地方，是在西元前二千年秘魯境內的安地斯山脈，再由該地漸往北方至厄瓜多、哥倫比亞、中美洲及墨西哥等地。冶金技術盛行於安地斯山國家，其中又以哥倫比亞古代的金飾藝術品舉世聞名，集實用和裝飾功能於一體，不僅加工技術熟練，裝飾手法也十分奇特，充分反映出當時印地安人的文化面貌和藝術特徵；他們很早就掌握了複雜的鑄金技術，如：鎚打、焊接、銅器包金、輾壓金箔、石製花紋、蠟模鑄造等，尤其擅長於金絲焊接工藝，用金絲製成人像或器物，生動反映了奇布查等印地安人的高度工藝水準和創造才能，可說是前哥倫布文明的象徵。

　　哥倫比亞製造金屬的技藝可分成兩個方式：第一個是較普遍的技術，泛指所有生產金礦的部落都具備採礦、製造和最終修整的技術；第二個則因地理位置不同而有特殊的精煉方法，其中又以冷鎚法及脫蠟法最令人嘖嘖稱奇，穆伊斯卡族為箇中翹楚。冷鎚法主要是以鎚打方式塑形，因為黃金的天然高延展性，人們得以利用一些特殊工具，將它鎚製成極薄的金葉，為了將金礦塑造成細薄有造型的飾品，金匠將金塊放在石板或鐵板上敲打，視合金、物品大小及工作程序來決定使用不同形狀、材質、重量的鎚子敲打。金屬在敲打的過程中變得易碎，金匠便將之放入火中鑄形，直到燒得又紅又熱，再放入冷水中冷卻，此過程不斷重複著，一旦鎚打至金匠理想中的樣式，便用鎚頭和鑿子將之切斷。

　　脫蠟法是哥倫比亞最早發明的技術，工匠必須先用蠟製成模型，再用陶土包覆在蠟模的周圍，之後加熱使沙型結實，將融化的蠟取出，金匠再將液態的黃金倒入已固定成形的陶土模具中，待黃金凝固後打

破模具取出黃金成品。

此外，充分發揮金銅融合的技藝，除了可以節省金礦的消耗外，亦可使金遇熱更快速融化❹。因為這些新技術，使得金器製作技巧更上層樓，複雜的作品不再受限於技術不足，突破了以往塑形困難的問題，在現代人看來，銅屬於一般金屬，但對於古印地安人來說，它和金子一樣貴重，冶煉工藝也更加複雜，精美的金銅合金飾品，包含著印地安人豐富的社會和文化信息。

二、典藏豐富

在首都波哥大的桑坦德公園 (Parque Santander) 東側有一個不太引人注目的建築，裡面卻珍藏著哥倫比亞各個歷史時期的黃金飾品，這就是舉世聞名的哥倫比亞黃金博物館。哥倫比亞政府當時為了保護國家文物，遂於 1939 年建立此博物館，1968 年遷到波哥大，由哥倫比亞國家銀行 (Banco de la República) 負責經營管理，是全世界規模最大的黃金博物館。由於當時印加帝國的金飾是西班牙征服者主要的覬覦目標，其金飾早被征服者運送至歐洲，反倒是前哥倫布文明時期的金飾保留下來，因此館中保存的黃金飾品比博大精深的秘魯文明豐富得多，從這些保存下來的金器可以窺見哥倫比亞人的聰明智慧和高超的藝術水準。館中黃金製品的種類、式樣和圖案繁多，達三萬三千八百多件，還有一萬三千三百件陶器，三千四百件石器和一千二百件貝殼飾品等，這些物品展現了歐洲人到達哥倫比亞之前印地安原住民的生活水準及社會狀況。

館內收藏品的種類從西元前二千年橫跨到西元十六世紀，一樓黃金大廳陳列著數以百計的黃金珍藏品，

❹這種銅合金又稱做「頓巴黃銅」(tumbaga)，含金量約 30% 左右。頓巴黃銅的熔點為 800°C，這個熔點低於黃金及銅。因此，它比金、銅更易於加工，且鑄造出的圖案紋路比金、銅更為細膩。當頓巴黃銅製作的成品完成後，一經加熱，表面就會氧化形成一層銅鏽，再用植物的酸性溶液將表層銅鏽去除，器物表面就留下一層金衣，既有純金般的美麗色彩與光澤，而且還能防鏽。

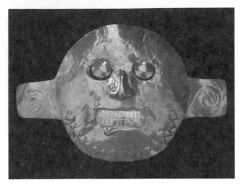

圖 6: 展示於黃金博物館中的黃金
面具

主要展出前哥倫布時期諸文化的各種風貌，金器展品分成三類：第一
類，各種姿態的善男信女，還有祭天時盛貢品的各種器皿，上面刻有
鹿、鷹和蟾蜍等圖案，蟾蜍被認為是智慧的化身，象徵五穀豐登，兒
孫滿堂，因此家家戶戶都供奉蟾蜍。第二類有手鐲、耳環、面具、雕
像和戒指等燦爛奪目的首飾，上面雕刻著人頭和飛禽走獸的圖紋，都
是求神拜天和喜慶節日時戴的飾品。第三類是日用品，如盆、碗、碟、
刀具和魚鈎。金飾品中大多以金箔和金絲加工而成，精緻玲瓏，質樸
素雅，從不同的角度反映出哥倫比亞不同時期印地安人的生活，也呈
現印地安人早年的文化和鬥爭歷史。其中較知名的有卡利馬族的鎚打
式護胸甲、穆伊斯卡族的精緻項鍊、納里紐族的小型塑像、金巴亞族
的懸垂首飾及泰羅納族的小型老鷹像和失落之城模型。二樓展示的主
題是「西班牙征服前哥倫比亞的人民與黃金」，包括當時金器、陶器、
石器、貝殼、木製品、紡織品和玉石製品等。這些器具都展現印地安
人在與歐洲接觸前的生活，以及不同社會的居民風貌。三樓展示印地
安人的藝術品，最有名的是穆伊斯卡的黃金燈心草筏，象徵黃金國的
神話及儀式，完整介紹印地安酋長加冕或祭天時，將黃金用途發揮至
淋漓盡致的程度。

第三章
社會概況

第一節　種族結構

一、人口分布

　　一個具有多元種族的國家可反映出其豐富多彩的歷史和文化，哥倫比亞則完全符合此情況，在西班牙殖民者抵達之前，當地已聚集許多不同種族的原住民，而西班牙人移民至哥倫比亞的順序亦深深影響該國的文化及經濟發展。首批到達哥倫比亞的征服者大多來自西班牙西岸的艾斯德雷馬杜拉 (Estremadura)，後來則大部分來自於安達魯西亞 (Andalucía)，其中包括了征服者戈薩達 (Gonzalo Jiménez de Quesada) 及貝拉爾卡薩 (Sebastián de Belalcázar)，他們在哥倫比亞沿岸的卡塔赫納建立城市。五十年之後，有分別來自托雷多 (Toledo)、卡斯蒂亞 (Castilla) 及馬德里 (Madrid) 的移民潮，他們選擇在內陸地區氣候類似祖國的環境定居，主要聚集在安蒂奧基亞、卡爾達斯、里薩拉爾達 (Risaralda) 和金蒂奧 (Quindío) 等地。

　　1600 年左右，當時許多猶太人為了躲避宗教迫害，從歐洲逃至拉

丁美洲，逐漸在新大陸建立猶太社區，猶太家庭自己開墾牧場，建立城鎮和彼此建立商業往來。現今在卡利、波哥大、麥德林和巴蘭基亞都有猶太社區。吉普賽人於殖民時期隨著西班牙人來到南美洲，在第一次世界大戰和第二次世界大戰期間也有吉普賽人遷移至此，大多數定居巴蘭基亞。第二次世界大戰之後和冷戰期間才有荷蘭人、德國人、法國人、瑞士人和比利時人移居來此。

　　來自黎巴嫩、敘利亞和約旦的阿拉伯人，主要定居在北方海岸，如：巴蘭基亞、卡塔赫納、聖馬爾塔和馬伊卡歐 (Maicao)，然後逐漸往內陸遷移。卡利因為鄰近太平洋而成為最多亞洲人居住的城市。

　　因人種複雜，地形氣候詭譎多變，各地區形成具有地方特色的多元文化，即使在幾個現代化的大城市中，仍保存著特殊的習俗和社會模式。今日，歐洲人、非洲人、亞洲人、中東人、其他新移民和印地安原住民使得哥倫比亞成為一個種族和文化的大熔爐，外來移民及其後代已成為社會的中堅分子。「梅斯蒂索人」(mestizo) 是西班牙人與印地安人後代，占全國總人口的百分之五十八，聚集在安地斯山區；白人占百分之二十；西班牙人與黑人的後代稱之為「穆拉多人」(mulato)，占全國人口的百分之十四，集中在加勒比海沿岸和安地斯山之間的大河流域；黑人占百分之四；「桑博人」(zambo) 是黑人與印地安人的後裔，占全國人口的百分之三，住在太平洋沿岸土壤貧瘠的各省，如喬科省、馬格達雷納河及考卡河流域一帶，種植香蕉、甘蔗，或是在牧場、礦場從事勞力工作，1850 年自由黨改革，廢除奴隸制之後，始逐漸分散到全國各地。印地安人則僅剩百分之一。

　　儘管面積廣闊，全國人口並沒有平均分配，安地斯山區是國家政治和經濟勢力的中心，多數人口及大城市均集中在此，其中又以溫帶區及寒帶區最為密集，考卡河谷、波哥大草原及安蒂奧基亞高地，是安地斯山地區最富有活力的經濟發展中心。亞諾斯平原及亞馬遜雨林雖占了全國國土約三分之二的面積，但實際上幾乎無人居住，僅有少數人口組成的農村和部落；亞馬遜地區的偏遠地帶只有寥寥無幾的印

地安人居住。

　　哥倫比亞居民在國內的流動率一直居高不下，二十世紀中期，為了逃離不斷在農村發生的暴動事件，以及尋求更好的生活環境，農村人口大量遷移至城市，三十個城市總共聚集了十萬多居民。1938 年，只有大約三分之一的人口居住在城市，今日，全國大約百分之三十三的人口集中在波哥大、麥德林、卡利和巴蘭基亞四個大城市。

二、印地安原住民

　　據估計，1560 年哥倫比亞的印地安人約有一百至一百四十萬，最大的部落是穆伊斯卡族，占全印地安人口數的三分之一。十七世紀初，由於饑荒、超時工作、體力透支、與西班牙人同化，歐洲人帶來的痲疹、天花，導致流行病大傳染，再加上對反動者無情的鎮壓，種種因素使得原住民人數減少到六十萬，造成勞動力嚴重短缺。十七世紀末，開始從非洲引進黑奴，從事黃金開採，或在沿海地區種植園從事勞力工作。到了 1810 年，哥倫比亞的印地安人僅剩下三十一萬三千人，在殖民統治的三百年間，當地人口總共減少了大約七成。沉重的殖民壓迫和殘酷的剝削手段，嚴重阻礙了社會生產力的發展，造成印地安族群的規模逐漸變小。另外一個造成原住民人數減少的原因是與外來移民的異族通婚。

　　時至今日，印地安人只占全國人口的百分之一，這些碩果僅存的印地安人種包括：阿亞馬拉族 (Ayamará)、阿拉瓦克族 (Arawak)、奇布查族、加勒比族、克丘亞族 (Quechua)、杜比瓜拉尼族 (Tupi-Guarani)、尤魯芒吉族 (Yurumangui) 和媧羽族 (Wayuu)。

　　現今哥倫比亞最大的原住民族為「媧羽族」，亦即居住在北部瓜希拉半島的瓜希羅人，大約有十三萬五千人。瓜希拉半島雖是西班牙征服者最早登陸哥倫比亞的地區，唯因土壤貧瘠，開發不易，並未引起征服者的興趣，也使得當地原住民鮮少與外人接觸，得以保有自己的語言和風俗習慣，少部分人仍過著傳統的畜牧生活，與數百年前的生

圖 8：在鹽田工作的媧羽族婦女　她們通常穿著具民族特色的閃亮長披巾 (mantas)，工作時習慣將羊脂和碳塗在臉上，避免被太陽曬傷。

圖 7：媧羽族婦女戴著杜瑪飾品　杜瑪為含有微寶石成分的石頭項鍊，是母女相傳的傳家之寶。

活模式無異，完全自給自足，飼養的牛羊是他們最有價值的財產。由於半島極度缺水，雨季集中在每年九月至十二月，牧人必須不斷遷移找尋水源和牧草，因此居住在由仙人掌臨時搭蓋的屋子。近年來，由於在當地修築道路和開採礦產，使得越來越多的媧羽族人到塞雷洪煤礦場或鹽田工作，擔任搬貨工、貨車司機，或者到委內瑞拉馬拉卡伊波鎮 (Maracaibo) 的油田工作。

第二大族是居住在南部安地斯高地的巴艾茲族 (Paéz) 和關比亞諾族 (Guambiano)，人口約五萬人，證據顯示他們是堤耶拉丹特羅文明的後代子孫，該區大約八成以上受到堤耶拉丹特羅文明的影響。民族性強，仍保有自己的語言、文化、政治及傳統服飾，主要的經濟來源是農業、牧業及觀光業。關比亞諾人擅長農耕，但大都是佃農承租土地耕作，利用簡單基礎的木製工具種植作

圖9：關比亞諾族　在傳統市集中，關比亞諾族最容易被人
一眼認出，因為無論男女都會穿著手工製的傳統服飾：頭戴
一頂窄邊的黑色大禮帽、黑色長裙及一雙皮靴，女人通常圍
著藍色鮮豔的圍巾，脖子繞著好幾十圈的白色小珠珠項鍊。

物，飼養火雞、綿羊，耕種玉米、豆子和木薯，婦女們販賣自己編織
的衣服、手帕和披巾，生活自給自足。高山氣候寒冷，為了保持溫暖，
多穿著羊毛織成的披巾，居住在自己蓋的竹屋裡。

　　其他還有居住在雨林地區的諾阿納馬族 (Noanama)、古納族
(Cuna)、安貝拉族 (Embera)、卡蒂歐族 (Catio)；東北方靠近委內瑞拉
邊境的巴里族 (Bari)，北部聖馬爾塔雪山的阿華科族 (Arhuaco)、科吉
族、阿薩力歐族 (Arsario) 和維瓦族 (Wiwa) 以及位在最南方的納里紐
族。目前，哥倫比亞僅存八十多種不同種族的原住民，分別說著六十
四種原住民母語，大多數說奇布查諸語言、加勒比諸語言和阿拉瓦克
諸語言。

　　原住民問題亦日漸引起政府重視，政府已建立五百六十七個原住
民保留區，保留區內的印地安人擁有自己的政府及制度，說母語，沿
用原住民名字，靠著自古流傳下來的求生知識，過著傳統的原始生活，
種植木薯、玉米和豆子，或是以狩獵、捕魚維生。流傳至今的宗教儀

式多半與轉世、延壽有關，薩滿至今仍存在著，可以是男人或女人，依舊戴著面具、揮舞權杖、口中念念有詞，藉由冥想或吸食菸草、古柯等與大自然的神靈溝通。

第二節　生活習俗

一、飲食特色

　　哥倫比亞人習慣悠閒的步調，也非常懂得享受生活，假日喜歡與家人或朋友聚餐，即使平常工作日，也要花一至二個小時好好享用午餐，休閒時最大的特色是從事手工藝，即使工業及商業發達，仍有大部分的人口繼續靠著手工藝來貼補家用。

　　哥倫比亞的飲食融合了非洲、西班牙及本土特色，各地區都有引以為傲的珍饈佳餚，例如：安蒂奧基亞省道地的風味拼盤 (bandeja paisa)，米飯搭配煎蛋、臘腸、鱷梨、炸香蕉、大紅豆、碎牛肉、玉米餅和炸醃豬肉，菜色相當豐富；托利馬的烤全豬大餐 (lechona)，在整隻豬的肚子裡塞進米、豬肉和乾豆，然後放進爐子中烤熟；聖安德烈斯一普羅畢登西亞地區的道地風味餐 (rondón)，混合了椰奶、樹薯、大蕉、魚肉和蝸牛；波哥大的辣雞肉丁，佐以馬鈴薯、奶油和玉米；加勒比海的鮮甜龍蝦和納里紐的烤天竺鼠 (cuy) 等。其他普遍的小吃有包著起司的玉米餅 (arepa)、煎羊乳酪 (empanadas)、灑上鹽巴和胡椒的炸香蕉、綜合了臘腸、豬皮、豬肉及各種內臟加以油炸的炸肉 (fritanga)。

　　北部地區的居民已延續幾個世紀吃螞蟻的傳統，尤以桑坦德省的名菜「鹽酥大螞蟻」(hormigas culonas) 最具知名度，是當地最有名的小吃，也是主人用來招待貴賓級客人的必備佳餚。顧名思義，大螞蟻是指一種腹部巨大，擁有一對翅膀的肥吱吱大螞蟻，當地人認為大螞蟻含有豐富的蛋白質和多種氨基酸，是極佳的天然滋補聖品，最常見的做法是放入油鍋炸後，灑點鹽巴，再配上起司或是蜂蜜入口，一入

口中，只聽見「卡滋卡滋」的
聲響，通常只吃螞蟻的腹部，
因為翅膀若是黏在喉嚨，會很
不舒服。近來流行的新吃法是
將螞蟻做成麵包醬或調味料，
搭配其他食物一起享用。每年
4 月到 6 月間，桑坦德省成千
上萬的蟻農便忙著採收大螞

圖 10：桑坦德省名菜——鹽酥大螞蟻

蟻，為這道佳餚做準備，也形成當地的特色之一。

　　餐館裡最常提供的基本套餐有兩道菜，由湯和主菜組成。常喝的
是雞肉馬鈴薯湯 (ajiaco)，配上酸豆、玉米和鱷梨，是一道頗具波哥大
特色的菜；另外一道受歡迎的蔬菜湯 (sancocho)，選用當地蔬菜做食
材，再佐以魚肉或雞肉一同烹調；或者可選擇加了青椒、洋蔥、番茄
和大紅豆一起熬煮的牛肉蔬菜湯。主菜可選擇魚、雞肉、豬肉、米飯、
馬鈴薯或義大利麵，再搭配蔬菜、豆類、小扁豆等；通常最受歡迎的
主菜是烤肉 (carne asada)，再搭配米飯、薯片或炸香蕉；其次則是配有
蔬菜、薯片或馬鈴薯的雞肉飯 (arroz con pollo)，或是烤牛肉搭配鹽焗
馬鈴薯、豬肉香腸加血腸。城市裡有專門賣熟食的攤位，提供新鮮現
煮的食物給忙碌的上班族。

　　咖啡是哥倫比亞最傳統的飲料，人民日常生活中必不可少，也是
他們的驕傲，即使生活在偏遠地區的農民也習慣早上喝了咖啡之後再
去工作。咖啡的喝法五花八門，依加入牛奶的多寡而有不同的名稱，
最普遍的是芳香撲鼻的「丁多」(tinto)，意即一小杯加了很多糖的特濃
黑咖啡，亦可選擇小杯的牛奶咖啡 (pintado)，或是分量較多、加了更
多牛奶的拿鐵 (café con leche)。除了咖啡之外，他們也喝菊花、柑橘葉
和薄荷葉製成的花草茶 (aromática)，或是檸檬糖水 (agua de panela)
——以熱開水泡粗糖再配以檸檬，十分清爽可口。啤酒、白酒和蘭姆
酒是哥倫比亞人最常喝的含酒精飲料，鄉下地區的農民們則習慣喝自

家釀的玉米酒 (chicha) 和甘蔗酒 (guarapo)。熱巧克力起司麵包 (chocolate santafereño)，為波哥大特色甜點，顧名思義便是將手工起司麵包沾著熱巧克力吃，再一邊悠閒地喝著熱巧克力。

熱帶水果種類豐富，其中一些是該國特有的水果，較受歡迎的有百香果 (maracuya)、山荔枝 (guanábana)、香蕉瓜 (curuba)、人心果 (zapote)、紅毛丹 (mamoncillo)、燈籠果 (uchuva)、費約果 (feijoa)、西番蓮 (granadilla)、樹番茄 (tomate de árbol) 和曼密蘋果 (mamey) 等。

二、宗教信仰

十六世紀初一批西班牙傳教士遠渡重洋而來，將天主教教義散播至拉丁美洲各地，幾世紀以來一直是哥倫比亞的官方宗教。在哥倫比亞的歷史發展中，天主教教會擁有比在其他南美洲國家更多、更大的權力和影響力，其傳統保守的程度居拉丁美洲國家之冠。教會不僅掌握大筆土地，支持保守派和大地主，在政治上扮演極重要的角色，教會亦統治著總督轄區內的文化及教育，經營少數學校，努力將印地安人歸化為天主教徒。傳教士主持洗禮、節慶、婚禮和葬禮等重要儀式，積極參與世俗活動，每個公共儀式都需要教士出席。

天主教在與印地安社會、文化接觸的過程中出現了「本土化」的現象，形成當地特殊的崇拜對象，哥倫比亞人崇拜的奇金基拉聖母 (Virgen de Chiquinquirá) 便是天主教聖母瑪莉亞眾多顯靈的神跡之一，融合了天主教聖母瑪莉亞與原住民信仰的觀念。位於博亞卡市區內的奇金基拉玫瑰聖母大教堂 (Basílica de Nuestra Señora del Rosario de Chiquinquirá)，內部供奉的奇金基拉聖母畫像繪於 1563 年，1588 年傳教士卡德納斯 (Luis Zapata de Cárdenas) 下令在當地建造一座小教堂，供印地安人信仰禮拜。1916 年，哥倫比亞正式認可奇金基拉聖母為全國的守護神。

自獨立後，天主教會頑固地堅持應該擁有自己的權限和特權，並與保守黨掛鉤，因此每逢保守黨執政，其主要政策之一就是盡量維持

天主教會的既得利益，輪到自由黨掌權後，便藉由收回教會土地、准許人民信仰其他宗教等方式，試圖減少教會影響力，反對教會干涉政治和教育，例如：1863 年的憲法廢除一切宗教法令，宣布政教分離。一旦保守黨重新執政，他們又恢復教會的一切勢力，1887 年，保守黨政府與梵蒂岡簽訂契約規定：「羅馬天主教即是哥倫比亞的國教，各社會力量承認它是維護社會秩序的重要因素，各種力量有義務保護教會，並尊重教會和教士，准許教會充分享受其權利和特權。」「天主教會享有完全的自由，不受政府約束。」此外，契約還授予教會極大的教育權力，各級學校都必須遵循天主教教義和倫理，由教會指導學校教育工作，宗教教育在學校屬義務教育，必須恪守天主教的宗教儀式，將宗教題材列入繪畫的教材中，每所學校都懸掛教宗像和十字架以及參與學校舉行的教會服侍活動。

儘管教會地位雖然隨著執政團體的不同而轉變，但教會在哥倫比亞社會的影響力早已根深蒂固，由於教會不允許離婚，因此哥倫比亞的離婚率很低，直到 1976 年，教會才同意特殊情況下的離婚。教會依舊開辦許多私人學校及大學，無論在公立或私立學校都有重要的影響力，控制全國的文化教育機構，不僅有領導及權威性作用，在政府中也頗具重大影響力。教會福利事業幫助窮人和失業者，傳教士仍保有其影響力，尤其在農村地區，可視為當地的領導人物，孩子們一出生就受洗、賜予教父，並且被教導要參加教會活動。

教會在近年來的影響力已日趨減少。1936 年的憲法改革修改了政府於 1887 年訂立的契約，大幅減少教會對教育的控制。1968 年，天主教教皇保羅六世 (Papa Pablo VI) 訪問哥倫比亞，在此之前，從來未曾有教皇訪問拉丁美洲國家。1973 年，政府與梵蒂岡簽訂協議，正式將天主教從國家的官方宗教轉變為「大多數哥倫比亞人的宗教」，削減了一些教會權力，尤其是傳教士在教育和醫療方面不再擁有比政府更大的審判權，而且教會被迫交出審查公立學校教科書的權利，雖然有些天主教學校仍使用自己編撰的教科書，而且由天主教出版社出版，但

這些書籍須依照聯邦政府的標準來編寫。

　　1991 年，新憲法允許宗教或世俗的離婚，政府擴大對宗教的包容，保證公民享有宗教自由，除了天主教之外，其他宗教可以在哥倫比亞順利發展，雖然仍無法與天主教壓倒性的勢力相比，但在憲法保護之下，一個大約二十萬人的小型新教徒社團，仍可維持其宗教活動，這些改革代表著哥倫比亞歷史上最重要的宗教改革。2001 年，調查顯示多達百分之六十的哥倫比亞人沒有積極實踐天主教信仰。

　　哥倫比亞、智利和薩爾瓦多是拉丁美洲三個最為反對墮胎的國家，然而，哥倫比亞國內卻存在許多地下診所，暗地裡進行非法的墮胎手術，每年約有三十至四十萬的非法墮胎案例，支持墮胎的人士認為水準低落的墮胎技術易導致母親的死亡率增加，尤其對貧窮婦女的影響甚大，因為有錢婦女可以到價格昂貴的診所或是飛到邁阿密進行手術。直到 2006 年 5 月，國會始通過女性因被強暴懷孕、胎兒影響母親安危或是嚴重畸胎的合理化墮胎法案，此無異公然反對天主教教義。

　　據統計，百分之九十七・五以上的哥倫比亞人信奉天主教，無論黑人、穆拉多人、梅斯蒂索人或印地安人，都自詡為天主教徒。除了天主教徒之外，全國僅剩百分之一的人口信仰原住民宗教，不到百分之一信仰佛教、猶太教、印度教或伊斯蘭教，其中以居住在加勒比海島嶼的黑人新教派占多數，聖安德烈斯－普羅畢登西亞島是大本營。近年來摩門教和基督教福音教派亦紛紛傳入哥倫比亞，耶和華、摩門教徒及路德教派是哥倫比亞的新興教派，福音教派宣揚嚴謹的《聖經》詮釋，在哥倫比亞的窮人階級中很受歡迎。

第三節　城鄉差距

一、新穎現代的都市發展

　　波哥大、麥德林和卡利是哥倫比亞三大人口稠密的城市，即使都

位在安地斯山區，生活習慣仍有不同，三地氣候亦有很大差異，波哥大終年涼爽，麥德林四季如春，卡利則是嚴暑酷熱。

1.黃金之鄉波哥大

　　哥倫比亞首都，處在瓜達盧佩山 (Cerro de Guadalupe) 和蒙塞拉得山 (Cerro de Monserrate) 之間的斜坡平原上，是南美洲位置第三高的首都，呈橄欖狀，擁有約七百五十萬人口，是全國最大及最熱鬧的城市，也是南美洲北部最古老的城市之一，擁有許多古蹟和獨特的文化遺產，保存了十七、十八世紀西班牙的建築風格，因而有「南美洲的雅典」之稱。雖地處熱帶，但因位在海拔二千六百四十公尺高的東科迪耶拉山上，氣候涼爽，初抵達時會因高山症而身體不適。白天氣溫最高 20°C，晚上則降到 9°C 左右，年平均溫度為 14°C。早期屬於穆伊斯卡族的活動領域，西班牙殖民之前，已成為印地安文化的中心，匯集眾多人口。獨立之後，波哥大於 1821 年成為大哥倫比亞共和國首都，1831 年聯邦解體時仍是新格拉納達首都，1886 年為哥倫比亞共和國首都，1945 年的憲法改革中成立波哥大特區。

　　1940 年代，因農村移民及工業化發展，得以迅速成長為主要的商業銀行總部，以及印刷、出版、輪胎、化學和藥劑工業中心，絕大多數的公司都集中在波哥大，外商公司的總部都設在此，是哥倫比亞及安地諾集團 (Comunidad Andina) 的貨物進出口中心。除了位居全國經濟樞紐之外，許多文藝機構亦設在波哥大都會區，如：黃金博物館、國家博物館 (Museo Nacional)、殖民藝術博物館 (Museo de Arte Colonial) 和哥倫布劇院 (Teatro Colón) 等。主要的經濟收入來自於花卉和綠寶石出口。

　　整齊劃一的市區規劃可追溯到殖民時期，街道採棋盤式排列，東西向的大街和南北向的巷弄交織而成。玻利瓦廣場 (Plaza de Bolívar) 為舊城的心臟地帶，圍繞在廣場四周的三大建築為大教堂 (Catedral)、國民大廈 (Capitolio Nacional) 和波哥大市政府 (Alcaldía de Bogotá)，皆具古典式風格。從蒙塞拉得山山頂可看到最美麗的市景，山腳下的玻

圖 11：斯巴基拉鹽質大教堂

利瓦別墅 (Quinta de Bolívar)，是南美解放者玻利瓦的故居，如今已改為博物館，展示著當年解放南美洲戰役的武器和私人物品。距波哥大北方四十九公里處的斯巴基拉鹽質大教堂 (Catedral de Sal Zipaquira)，是由堅硬的白鹽結構挖鑿而成，高二十三公尺，長一百二十公尺，占地約八千五百平方公尺，是世界上最大的地下鹽質教堂和最大的宗教建築物之一，被列為世界奇景之一。

2.四季如春麥德林

哥倫比亞第二大城，安蒂奧基亞省首府，位於哥倫比亞西北方、中科迪耶拉山脈西麓的波爾塞河畔 (Río Porce)，麥德林河 (Río Medellín) 穿城而過，是哥倫比亞鐵路和公路的交通樞紐，也是唯一擁有地鐵的城市。全市人口約二百三十六萬，年平均溫度 22°C，四季如春，氣候宜人，因而有「永恆的春城」(La Ciudad de la Eterna Primavera) 美譽。

1616 年，被西班牙殖民者發現，1675 年設鎮，早期主要由私人莊園組成，後來這些莊園成為市中心周圍許多漂亮郊區的基礎，整座城市被林木繁茂的山脈所環繞，山裡有許多印地安人村莊和渡假地，附

近有金、銀、煤等礦產。1930年起，成為全國最大的咖啡市場和皮革、紡織工業中心，儼然晉身成為一個現代化工業城市。全國百分之八十以上的紡織業和幾近全部的鋼鐵冶煉、蔗糖生產均集中於此，工業以鋼鐵為主，另外有化學、橡膠、塑膠、水泥、捲菸、食品加工、電氣設備、農業機械等工業部門，也有現代化的國際機場、人文氣息濃厚的現代藝術博物館 (Museo de Arte Moderno de Medellín) 和安蒂奧基亞大學博物館 (Museo Universitario Universidad de Antioquia) 等。

麥德林曾是昔日名震天下的麥德林販毒集團 (Cartel de Medellín) 大本營，居高不下的犯罪率被列為世界上「最不安全」的城市。2003年，法哈多 (Sergio Fajardo Valderrama) 當選市長後，開始告別過去，實施一系列發展計畫，將施政重點放在教育、文化和社會發展領域，總共投入超過八千萬歐元，幫助興建學校、醫院、體育館和圖書館，並進行房屋改造和基礎設施修繕等工作，社區軟、硬體條件都得到改善，這個城市正在以全新的面貌吸引世界注意，現今已成為拉丁美洲國家中最安全的城市之一。

3. 熱情洋溢卡利

哥倫比亞第三大都市，1536年由征服者貝拉爾卡薩所發現，是哥倫比亞西南方的工業、農業和貿易中心，擁有約二百二十六萬人口。市中心被卡利河 (Río Cali) 分成兩半，南邊是歷史悠久的中心地帶，有許多古老的教堂和博物館，北邊是新區，有時尚的餐館和商店，市區中有全國最好的卡利動物園。卡利以美女和撒爾沙音樂（Salsa，又譯為騷莎）著名，一到夜晚，全城無論男女老幼的舞蹈細胞開始蠢蠢欲動，舞廳裡充滿了跳撒爾沙舞曲的民眾。

即使現代化的城市中亦普遍存在著貧富差異的現象，相鄰地區的差異也很大，中、上階層的都會人士過著與美國中、上階層無異的生活，講究食衣住行，佩帶珠寶首飾，吃高級料理，訂作衣服，購買舶來品，享受優渥的生活條件，有新穎現代的電器用品和便利設施，例如室內冷、暖氣、洗衣機、電視、電腦、手機和汽車。城市中貧民住

在擁擠髒亂的貧民窟 (tugurio) 或下水道中，小孩子無法接受妥善照顧，流落街頭行乞、偷竊，父母不是失業、打零工，就是靠拾荒度日。

二、原始落後的農村聚落

偏遠地區的農村囿於交通因素，建設不足，物資匱乏，故仍保有古老的傳統、習俗和宗教信仰，並且世代傳承。依賴聖歌或宗教儀式來治癒身體，不相信抗生素或其他醫藥，相信旱災、饑荒和其他苦痛都是來自於憤怒的天神或邪惡神靈的懲罰。

在農村中，村民的生活作息與工作休戚與共，為求溫飽，通常是全家人一起在咖啡園、甘蔗園，或是其他相關農業園中工作，使用原始的生活工具，缺乏瓦斯、電力和自來水，小孩子們最常幫忙的工作是挑水或挑揀木材，因而被剝奪了上學的機會。學校距離太遠，往返不易，也降低了學習意願。另一個農村貧困的原因是缺乏適合的耕地，土地問題一直是哥倫比亞數百年來未能解決的隱憂之一，長久以來，土地一直掌控在少數寡頭手中，而且世代相傳，歷任政府的土地改革政策反反覆覆，自由黨執政時主張地主可以將土地販售給農民，輪到保守黨政府時卻又傾向於支持大地主立場。

哥倫比亞約有數以百萬計的貧窮人口，這些人無力改善自身困境的主要原因在於：第一，政府部門缺乏有力人士替他們推動法案以解決其困境；第二，階級制度十分嚴格，他們無力改變其社會階級；第三，每日有太多瑣事要解決，必須為了汲取乾淨水源、找醫生治病、賺錢養家等瑣事奔波忙碌。最重要的原因是，識字率低，缺乏職業訓練，教育水準低落，無一技之長，因而找不到較好的工作。

由於農村收入微薄，無法維持三餐溫飽，常有營養失調的問題，再加上游擊戰的戰區都發生在農村，造成當地動蕩不安。1970 年代，農民為了改善自身經濟條件及尋找工作機會，便往城市遷移，但情況並未如他們的預期發展，卻淪為城市貧民的一員，居住在城市邊緣，與暴力、貧窮為伍。2002 年，大約有四十一萬名農民被迫離開家園，

這些人只懂耕種，教育水準不高，即使搬遷到大都市或其他地區也沒有謀生技能，反造成社會問題，亦成為哥倫比亞社會亂象之一。

　　財富分配不均、低薪資和高失業率仍然影響到農村家庭和大批城市勞工的生活，這些城市勞工多是從偏遠山區或農村遷移至城市的第一或第二代移民，根據統計，哥倫比亞百分之十最有錢的人擁有全國百分之四十四的財富，而百分之十最窮的人僅擁有全國百分之一的財產，由此可見，貧富差距甚大。

第四節　基礎建設

一、交通設施

　　哥倫比亞因地形崎嶇，山間道路修築艱困，陸路交通聯絡不易，因此空運在哥倫比亞具十分重要的作用，也是其他國家所比不上的。除了波哥大的艾爾多拉多 (El Dorado) 國際機場之外，在麥德林、卡利、卡塔赫納及巴蘭基亞都設有國際機場。1919 年成立的哥倫比亞國家航空公司 (Avianca)，是南美洲最早成立的商業航空公司。重要城市間設有固定航班，可大幅縮短旅行時間。

　　全國鐵路網僅完成百分之十五，主要的一條鐵路線由波哥大向北行駛到聖馬爾塔海港，全長九百六十六公里。地區性鐵路線經常因山崩而停止通行，要穿越安地斯山脈必須克服坡地的高度，鐵路呈 Z 字形逐步往上修築。與其他安地斯山國家相比，哥倫比亞至少有較完善的水路運輸系統，供國內交通或旅遊；然而，水上航行並非易事，因為水流會依季節的變化而不同，而且大多數河水流經之地較為荒涼，鮮少人居住。

　　公路是主要的陸路運輸系統，南北之間交通靠兩條平行的公路幹線由加勒比海港口延伸到內陸：一條從聖馬爾塔沿東科迪耶拉山到波哥大，另一條經過麥德林、卡利及波帕揚，到達厄瓜多邊界。最重要

圖 12：穿梭於鄉鎮之間載客的鄉村小巴

的東西橫向公路是一條穿過中科迪耶拉山，連接波哥大、考卡河谷及太平洋岸的布埃納文圖拉港口。由於貧富差距懸殊，並非每戶家庭都有車子，小鎮、鄉村、城市之間的往來又沒有發達的鐵路系統，因此最常搭乘公車往來各地，公車可依路程和價位區分成不同等級，一種通行於全國主要幹道間的遊覽車 (climatizado)，不僅舒適，有活動靠背座椅，還有充足的空間可以伸展雙腳；穿梭於小村莊間的「鄉村小巴」(Chivas)，車身繪有色彩豐富的裝飾圖案，既沒有玻璃窗戶，也沒有空調，兩側有大大的窗口，還有梯子方便乘客上、下車，而且可以將雞、鴨、羊等小動物帶上車，置放於車子屋頂上，沿途只要有人搭乘或下車，司機便將車速減慢，讓乘客自由上下，如果車內沒有位置，還可以坐到車頂上透透氣，順便看看風景，頗具地方特色。

　　首都波哥大交通方便，四通八達，有開往全國各地的公共汽車。市區內以公車為主要運輸工具，2000 年開始啟用的公車快速運輸系統 (TransMilenio)，採用大型公共汽車，在公車專用道內行駛，每天可疏解九十五萬名市民的交通問題，徹底改變了波哥大的交通狀況。波哥大還具備了一個非常符合現今節能減碳議題的交通特色，即擁有全世界規劃最廣大、最完整的腳踏車道路系統 (ciclorutas)，涵蓋範圍約三百

零三公里，自從有了腳踏車道路建設之後，腳踏車使用率增加五倍，南邊貧民區是最常使用腳踏車的地區。

二、教育水準

哥倫比亞擁有完整的教育系統，包括了幼稚園、小學、中學、職業教育和大學教育，全國重要的公私立大學約有三十七所。

通常六歲前念幼稚園，六至十二歲的兒童必須接受小學教育，完成小學教育之後，才能進入中學。小學生占全部學生人口的百分之九十，但只有百分之五十的小學生畢業後有機會繼續升學。初中修業四年，每位學生必須通過畢業考試，始得領取畢業證書，畢業之後可以選擇接受技職訓練，或是繼續深造。

近十年來，哥倫比亞政府將大筆經費投資在教育方面，例如：1991年的教育經費僅占國內生產總額 (GDP) 的百分之二‧四，到了 2006年已成長至百分之四‧七，在拉丁美洲國家的教育經費中算是比例高的國家之一。因此，根據 2006 年的統計，初等教育的入學比例為百分之八十八，中等教育的入學比例為百分之六十五，全國十五歲以上且具備讀、寫能力的人數已達百分之九十三，這數目多年來仍繼續成長。全國念大學的人數從 1970 年代初的一萬人增加到二十一世紀初的五十萬人，可見政府的教育成效，也使得哥倫比亞人民逐步擺脫文盲的困境。

大多數經濟情況不錯的家庭會選擇讓子女就讀私立學校，又以天主教學校居多，因為公立學校的人數眾多，而且將近一半的學生都輟學，私立學校的辦學聲譽良好，有些甚至實施雙語教育，成效卓越，不僅有助於提升全國人民的識字率，對於鼓勵學生就讀大學也大有幫助。在農村工作的年輕人，念書的時間很短，有些甚至不曾上學，故識字率較低，且因教師極度缺乏，故只提供國小和中等教育，沒有提供任何職業訓練的機會。

三、醫療體制

1980 年代，哥倫比亞的醫療體制有了很大的變革，中央政府將管理全民醫療的權力轉移至各省或各縣市政府，由各地方首長擔任當地醫療機構的指揮官，採取綜合的醫療計畫，解決傳染病、狀況不佳的公共衛生和其他醫療問題。政府設有「勞工和社會保險部」，負責管理各地醫療機構，無論醫院、診所或醫師都擁有完善的專業訓練，此項政策使得許多地區受益，但部分偏遠地區的醫療資源依舊匱乏，缺乏訓練精良的醫護人員，雖然政府要求每位醫生都必須到鄉下實習一年，但絕大多數的醫生無不想盡辦法搬到大城市。

當地仍流傳許多疾病，如：肝炎、痲疹、瘧疾、痢疾、傷寒、霍亂、肺結核和登革熱，城市邊緣髒亂的貧民窟成為這些傳染病的溫床。愛滋病患者的比例雖然低於南美洲其他國家，但同樣也困擾著哥倫比亞，大多數患者都居住在大城市，且由於加勒比海沿岸較內陸地區接觸到更多的觀光客或異鄉客，以致愛滋病患者的比例較東部平原或獨立高地來得高。

為徹底杜絕疾病蔓延及照顧弱勢族群，政府於 1993 年進一步實施醫療衛生改革法案，確定衛生保健屬於公共服務性質，且將醫療保險列為強制性。改革的目標為：一、避免國家醫療機構壟斷；二、允許私人醫療單位進入醫療保健市場；三、實施補助型醫療健保制度，提供補助給最貧窮者。整體而言，哥倫比亞改革的目標是擴大醫療保險層面，提高服務品質，改善不公平現象，將醫療保健延伸至貧民階級。

第四章
經濟條件

　　自 1930 年代起，哥倫比亞的國內生產總額一直持續穩定增長，經濟成長率居南美洲之冠。二次戰後初期，經濟仍以咖啡單一生產和出口為主，咖啡為國家經濟支柱，是國家財政和外匯收入的主要來源，1960 年代初，國際市場咖啡價格下跌，哥倫比亞出現外匯危機，政府實行經濟調整策略，改變咖啡單一生產結構，將出口產品多樣化，並實施進口替代工業化政策，減少消費品進口，增加中間產品和資本貨進口，發展本國製造業，逐步改變國家經濟結構，使得本國的製造業漸有發展機會。政府還藉由允許私人企業向政府借公債、提供優惠稅率給新企業等措施來鼓勵貿易發展。除了歷屆政府實施經濟改革，努力創造國內生產總額成長之外，亦配合本身豐富的物產，如農業作物、經濟作物或天然礦產，方能累積國家資本，投入於各項工業、製造業或交通運輸等發展，尤其是哥倫比亞的咖啡、花卉、黃金和綠寶石被譽為「四寶」，為國家帶來巨額的外匯收入。

　　1980 年代受到世界資本主義經濟危機的影響，以美國為首的發展國家實行高利率和貿易保護主義，使得哥倫比亞出口銳減，國際收支逆差，政府財政赤字增加，影響對企業的投資。政府於是致力於整頓財政、限制進口、鼓勵出口、提出經濟和社會均衡發展計畫，努力發

展民族經濟，當許多拉丁美洲國家陷入債務危機，經濟出現嚴重衰退時，哥倫比亞經濟情況相對穩定，發展速度雖有減緩，但仍維持一定成長，是當時拉丁美洲少數沒有出現債務危機的國家，也是唯一沒有進行延期付債談判且能夠按時還本付息的拉美國家。

二十一世紀初，哥倫比亞的經濟每年平均增長百分之四，儘管在2009 年全球經濟衰退的過程中，其國內生產總額仍維持百分之〇‧四的成長。2011 年的世界投資報告中，哥倫比亞被視為「拉丁美洲商業環境最優良」的國家。

第一節　經濟作物成果豐碩

經濟作物泛指高經濟價值的農作物，主要種植目的為賺取高回報，而不以提供糧食為目標，哥倫比亞的三大經濟作物為：咖啡、鮮花及橡膠。

一、綠色金子

相傳十五世紀時，在東非埃塞俄比亞的一個農村，牧民們數次發現飼養的牲畜在夜間奔騰追逐，焦躁不安；後來，牧民們於放牧時隨著畜群仔細地進行觀察，終於發現，原來這些牲畜是吃了一種橢圓形的深紅色漿果——咖啡果——所致，他們便同時採摘了一些咖啡果品嘗，親自感受到一種興奮和提神的感覺，於是埃塞俄比亞的農村開始種植咖啡，以後逐漸普及到非洲一些國家。十八世紀，咖啡傳到了拉丁美洲，首先在巴西落戶，後來再至哥倫比亞，從那時起，哥倫比亞各地才開始種植咖啡，直到十九世紀初，咖啡遂成為哥倫比亞重要的農產品。

1.生產採收

十九世紀末、二十世紀初，哥倫比亞開始大量種植咖啡，鐵路建造完成後，始得將咖啡從產地運送到港口。咖啡產量大幅成長，再加

上國際市場對咖啡的需求不斷擴大，使得咖啡成為主要出口產品，也是哥倫比亞首要的經濟支柱。生產咖啡的農場或種植園一般趨向於小面積耕種，以便照顧和採收，目前種植咖啡的地區集中在三座科迪耶拉山脈的高地，面積約有一萬平方公里，占全國耕地面積的四分之一，中西部的卡爾達斯省、里薩拉爾達省和金蒂奧省是咖啡的主要種植區，其中又以西部山區的馬尼薩雷斯市 (Manizales) 最為重要。全國約有三十萬個咖啡園，百分之三十至四十的農民生活都直接依靠咖啡生產，百分之七十五的咖啡出口至世界各地，因此咖啡又被譽為「綠色的金子」，是哥倫比亞財富的象徵。

當地人在咖啡樹周圍種上高大的喬木或香蕉樹，幼苗期為咖啡樹搭涼棚，以保證咖啡生長所需的陰涼潮濕環境。咖啡林內濕度大，溫差小，咖啡豆成熟慢，有利於咖啡鹼和芳香物質的累積，因而咖啡品質最好。由於山坡地不適宜用機器採收，大部分的農民使用傳統工具——鋤頭和砍刀——採收咖啡豆；因此，遇到咖啡採收季節時，就看到家家戶戶小心翼翼地採收辛苦的果實，農民們每天必須站在非常陡峭的山坡上工作約十個小時。哥倫比亞氣候溫和、空氣潮濕、終年保持在 20°C 至 28°C 之間，多樣性的山區氣候，使得整年都是收穫季節，海拔九百至一千八百公尺生長的咖啡品質為最佳。在不同時期不同品種的咖啡相繼成熟；幸運的是，哥倫比亞不像巴西，不必擔心霜害。

2.精挑細選

咖啡生產過程十分繁複，從最初的選種、育苗、催芽、取枝移栽，到後來從咖啡果取殼及烘焙。一棵成熟的咖啡樹，一年可以生長約二千顆豆子，農民用去除果肉的機器除去紅色果肉，丟到土裡做肥料，只保留裡面的豆子。取出來的豆子被浸泡在來自高山區的冷水二十四小時，浸泡之後輕微發酵，再放到水泥槽清洗，同時也再一次將劣質豆子丟棄，此過程稱為「水洗」，是哥倫比亞咖啡獨特之處，也使得哥倫比亞咖啡具有豐富的口感和香氣。

在市場上，咖啡又被批發商進一步檢測，選出最好的豆子送到工廠，用脫殼機去除外殼和銀皮，最後剩下飽滿、色澤呈現橄欖綠的豆子裝袋及密封後出口。

3.經濟發展

咖啡是一種勞力密集的作物，必須由大量人口投入生產行列，因而可帶動勞動力發展，提供農民工作機會。咖啡也是唯一可以改變哥倫比亞經濟結構的產物，對生產條件造成相當大的影響，例如：破除舊有的大、小莊園制度，形成以市場導向為主的小資產階級；大規模的商業化生產，使所得分配擴散，帶動當地經濟發展。以聖馬爾塔雪山地區為例，在政府實施「土地歸還計畫」下，科吉族得到歸還的土地，並獲輔導協助栽種優質咖啡，科吉族因此而改變生活模式和經濟地位；由於高海拔的梯形栽種模式，再加上雪山的水質甘甜，其生產的咖啡為哥倫比亞近年推廣的精品咖啡代表之一。安蒂奧基亞在殖民後期是相當孤立且落後的地區，但在十九世紀末由於種植咖啡而成為經濟成長最快速的地方，為往後哥倫比亞西部的工業發展奠定基礎。

4.享譽國際

哥倫比亞每年的咖啡產量達八億公斤，約占全部合法出口產品的五分之一，是次居巴西的世界第二大咖啡生產國，生產量占世界總產量的百分之十二，是世界上最大的阿拉比卡咖啡豆出口國❶，也是世界上最大的水洗咖啡豆出口國。哥倫比亞咖啡已經受到全世界公認，擁有高品質和特殊口感，是少數以國名在世界上出售的單品咖啡之一，它另有一個很好聽的名字，叫「翡翠咖啡」。主要出口國家為美國、德國、日本、荷蘭和瑞士。

哥倫比亞的咖啡由「全國咖啡業主聯盟」

❶山區氣候適宜種植阿拉比卡品種咖啡（阿拉比卡咖啡樹），是一種溫和多樣化的咖啡品種，種植在陰涼的地方。

(Federación Nacional de Cafeteros, FNC) 所控管，代表許多小農利益，是一個相對於巴西「咖啡機構」(Instituto de Café, IBC)❷的組織，當「咖啡機構」試圖藉由控制咖啡的供給來控制全世界咖啡價格時，「全國咖啡業主聯盟」卻試圖藉由強力行銷及優惠價格向全世界擴展咖啡的交易及消費，因此哥倫比亞咖啡已漸漸變成品質保證的代名詞。

❷由巴西咖啡業者組成，從咖啡種植者手中買入咖啡再轉手賣入國際市場，藉由控制咖啡供給的手段，咖啡機構在管理價格和控制品質上扮演很重要的角色。

　　「全國咖啡業主聯盟」嚴格遵守高品質的控管標準，規定必須派人檢查每一個農場的衛生條件、咖啡樹的生長及健康情形、收成品的品質、咖啡豆是否已水洗妥當、檢測豆子的香氣、色澤、大小、濕度和質地，然後選出最好的豆子出售和出口。只有在通過一連串冗長的檢驗過程後，該聯盟才會蓋章批准，密封之前，同一批的豆子仍須接受檢驗，並加以區分其等級，再經過烘烤、研磨。「全國咖啡業主聯盟」也負責管理哥倫比亞的咖啡出口，法律明確規定，只有持聯盟許可證的貿易商才能出口咖啡，目的是維護哥倫比亞咖啡的形象及口碑，同時也保證政府在咖啡貿易中獲得穩定的財政收入。

　　1976 年，由於巴西遇到嚴重霜害，咖啡產量和出口受到極大影響，促成哥倫比亞出現「咖啡繁榮」的景象，咖啡出口價格從 1974 年每磅〇‧七八美元，每年持續增加，到 1977 年已高達二‧四美元，國際收支出現盈餘，創下歷史上發展最好的榮景。出口收入增加造成通貨膨脹率達百分之二十至三十，為了減少通貨膨脹的壓力，政府實施保留定額、咖啡扣留金、咖啡儲蓄券、出口從價稅、多樣化計畫等措施，加強對出口咖啡的管理。

二、花花世界

　　提起哥倫比亞，很少人將花卉與之聯想在一起，雖然花卉種植業僅短短四十年歷史，但出口量已占全球總量的百分之十四，目前是世界第二大花卉出口國，僅次於荷蘭。全國百分之九十八的花卉用於出口，是哥倫比亞的第二大出口商品，其中出口至美國和加拿大占了百分之八十五，另有百分之九出口至歐洲市場，對日本出口占百分之〇‧九八。

　　哥倫比亞四季溫和，水源穩定，兼以花種豐富，奠定該國花卉產業的競爭力，目前主要出口花種為玫瑰，占出口百分之三十二，其次為康乃馨，占出口百分之十五，第三為菊花，占百分之十四，迷你康乃馨占百分之八，其他花種則合占百分之三十一。全國共有二百多家花卉公司，花卉種植總面積每年保持在七十二平方公里以上，百分之八十五集中在波哥大地區，百分之十二產於安蒂奧基亞省的黑河 (Río Negro)，其他地區僅占百分之三。全國直接就業人員九萬多人，間接就業人員八萬多人，花卉行業已成為哥倫比亞的主要產業之一。

　　波哥大的街道雖然有些陳舊，但綠意青蔥的樹木、生氣蓬勃的綠地、萬紫千紅的花攤，使得全市日夜浸潤在千嬌百媚的花海中。每年情人節，波哥大頓時成為一片花海，花卉品種多達數百種，街頭巷尾的花攤星羅棋布，買花的人們絡繹不絕，呈現出空前繁榮景象。波哥大精緻花卉的培育、栽種與外銷已聞名於全世界的花卉市場，更可以和舉足輕重的花之王國荷蘭媲美與匹敵。

　　每年 8 月的「麥德林鮮花節」(Feria de las Flores) 是政府促銷花卉的有力管道，希望透過鮮花節的舉辦，帶動花卉出口業及提高花農的知名度。

三、橡膠繁榮

　　哥倫比亞最好的橡膠樹產地在亞馬遜雨林區，1800 年左右，橡膠

開始成為具經濟價值的作物，從橡膠樹中提煉出的汁液稱做橡膠，橡膠硫化的過程讓橡膠變得更堅固、更有彈性，非常適合製作雨衣及雨鞋，尤其當腳踏車和汽車發明之後，對於橡膠輪胎的需求急速增加，當地大地主雇用原住民收集橡膠汁液，當時的橡膠業者為哥倫比亞造就了大筆財富，出現所謂的「橡膠繁榮」(rubber boom) 景象。幾年之後，哥倫比亞和秘魯為了普圖馬約河附近萊蒂西亞鎮最好的橡膠園而引發爭執，最後終於在 1922 年決定將萊蒂西亞鎮劃為哥倫比亞屬地。

此外，橡膠因具有很大的彈性和良好的絕緣性，防水、抗拉、耐磨和可塑性高等特點，哥倫比亞在二十世紀初開始發展工業時，便將橡膠廣泛地運用於工業、國防、交通、醫藥衛生領域和日常生活等方面，尤其以化工產值最高。橡膠種子榨油可成為油漆和肥皂的原料；橡膠果殼可製成優質纖維；木材質輕，花紋美觀，加工性能好，經化學處理後可製作高級家具、纖維板、膠合板、紙漿等，整棵橡膠樹都可發揮其最大效益。

第二節　各行產業多元經營

哥倫比亞的經濟主要依賴出口，尤其依賴美國甚深，但也和歐盟國家有貿易往來，與南美洲和加勒比海國家的貿易約占百分之二十。幾年來，政府致力於維持貿易平衡，主要出口產品除了全球知名的咖啡和花卉之外，還包括：糖、可可、香蕉、棉花、石油、煤礦和紡織品，並提供製造業和農業產品給國外買家。進口的產品則有紙張、機器、化學藥品、金屬製品、運輸設備和石油提煉的成品，如瓦斯和航空燃料。到了二十一世紀，販售咖啡出口所賺的錢已少於全國總收入的三分之一，煤礦和石油等能源產物已取代咖啡成為主要的出口產品。

一、農牧業

雖然全國只有百分之五的土地適合耕種，農業活動僅占全國生產

總額的百分之十九，但農業生產活動所雇用的勞工大約有四百萬人，占全國勞動人口的百分之三十，這點卻不容小覷。

多樣化的氣候和土壤，適合生長香蕉、甘蔗、小麥、大麥、玉米、稻米、木薯和馬鈴薯等品種範圍甚廣的作物。香蕉為次於咖啡及花卉的第三大農業出口產品，哥倫比亞是美國最大的香蕉供應國，也成為繼厄瓜多及哥斯大黎加之後的世界第三大香蕉供應國。北部加勒比海沿岸多種植香蕉、甘蔗和棉花，也有大型畜牧場；考卡河谷及太平洋沿岸有大型的甘蔗種植園及加工場；安地斯山北部地區種植木薯、玉米、白薯、豆類、花生、馬鈴薯，還生產菠蘿、鱷梨、木瓜等水果。考卡河、錫努河、塞薩爾河、阿里瓜尼河 (Río Ariguani) 和馬格達雷納河流域、波哥大草原、烏巴特 (Ubate) 及奇金基拉 (Chiquinquirá) 等山谷最適宜發展現代機械化農業。

哥倫比亞目前為美洲最大的棕櫚油生產國，排名世界第五大棕櫚油供應國，因此棕櫚油為哥倫比亞最具發展潛力的產業之一。現有三千平方公里土地種植棕櫚樹，實際生產面積約為一千八百平方公里，主要外銷英國、西班牙、德國、荷蘭、墨西哥、智利等國，僅歐洲地區就占全國棕櫚油出口市場的百分之七十。由於哥倫比亞棕櫚油研究中心提供種植及榨油技術之協助，使得目前每單位面積產油量居世界第二名，優於印尼及馬來西亞等傳統生產國。

畜牧飼養業是哥倫比亞低地的一項重要經濟活動和財富來源。錫努河流域、聖豪爾赫河流域、大西洋低地的草原區以及亞諾斯平原是飼養肉牛最多的地區，東科迪耶拉山的高原地帶，乳品業特別發達。

二、紡織業

哥倫比亞小型手工業源自於殖民時期的莊園地區，農家在閒暇之餘均從事手工業貼補家用，或者在各城鎮四周聚集著擁有不同手藝的工匠，共同維持著當地的供給及消費行為，波哥大是最大的手工店集散地。

圖13：一名瓜希羅婦女正在編織一只吊床　手工編織
為哥倫比亞最具代表性的傳統工藝。

　　十八世紀中期，波哥大北方的索科羅及其鄰近地區是新格拉納達
的主要製造業中心，棉織品為主要出口貨物，當時仍未形成類似工廠
規模的制度，而是每戶家庭在家中從事手工紡織及編織，因此生產單
位是以個人家庭為主。通常由一個企業主收購棉花，分別交給不同的
農家編織，這份工作提供了數千人工作機會，雖然沒有人因而致富，
但卻改善許多人——無論是貧窮的白人或梅斯蒂索人——的經濟生
活，後來逐漸發展出一個規模雖小卻占重要地位的紡織工業。紡織品
除供應國內市場外，也出口各種織物及紗線，大幅增加了國家的收入；
二十世紀初，以紡織業和製造業為代表的加工業開始發展，外銷至美
國和委內瑞拉為主。

　　成衣廠主要分布於工業大城麥德林（占百分之五十三）及首都波
哥大（占百分之三十九），提供直接就業機會約二十萬名，間接就業六
十萬名，占哥倫比亞製造業總人數百分之十二，是該國雇用最多勞工
的產業，因而成為哥倫比亞重要的製造業之一，政府更積極協助業者
開拓北美及全球市場，紡織產業的發展已逾百年，儼然成為哥倫比亞
最重要的產業之一。因為紡織工業進步，也連帶影響到化學工業的發

展，以便提供紡織染整過程中所需的化學藥劑。

三、工礦業

1904 年，雷耶斯 (Rafael Reyes Prieto) 總統開始積極從事道路及鐵路建設，發展紡織、製糖、食品、造紙和玻璃製造等工業，使哥倫比亞開始邁向工業化腳步。第一次世界大戰期間和戰後最初幾年，哥倫比亞發現石油，引起美國資金大量投入開發。由於雷耶斯政府的一些措施，使得哥倫比亞在 1920 年代初期有能力發展水力發電設備，甚至出現一些大型企業，例如：哥倫比亞紡織公司 (Compañía Colombiana de Tejidos)、哥倫比亞煤炭企業 (Cementos Argos) 和巴伐利亞啤酒公司 (Bavaria) 等，美國在哥倫比亞的投資亦大幅提升，連帶刺激國內市場及增加工作機會，外資相對顯得十分重要。

政府有鑑於過度依賴美國資金和咖啡出口，體認到經濟發展結構的缺失，遂積極發展工業。1940 至 1950 年代初期，咖啡出口收入成倍數增加，政府便積極將咖啡所得投入於工業發展，建立經濟發展委員會和工業財政公司，負責研究經濟發展和引進外資事宜。同時開始開採煤礦和石油，隨著亞諾斯平原北部及亞馬遜地區兩大油田的開發，石油生產的前景可望改善，橫跨安地斯地區的油管將這兩大油田與海洋運輸線的終點站相連接，也提高了石油出口的潛力。1970 年代中期，國家經濟出現困境，石油基礎設施投資緊縮，剩餘產能不足，而國內燃料消費卻迅速增加，使得哥倫比亞於 1975 年由石油出口國變成石油進口國。1980 年代政府實行穩定計畫，多次調整經濟政策，同時增加對能源、礦業和交通運輸等的投資，使國民經濟得以穩定增長，這段期間國內生產總額年平均增長百分之四・五。1985 年新石油能源的發現提供經濟發展的潛力，也致使哥倫比亞減少對國外能源的依賴性。1999 年哥倫比亞成為拉丁美洲第五大石油生產國和第三大石油出口國，屬於國營企業的哥倫比亞石油公司控制全國約百分之十四的石油蘊藏量，其餘藏量則操之於私人企業或與哥倫比亞石油公司合資的公

司。由於近年來國際油價走高，哥倫比亞大量出口石油與副產品繼續帶來大量外匯，也造成石油儲量及產量雙雙下滑，政府只得積極吸引外資協助開發新油源，英國及西班牙等歐洲國家均有人員在該國從事探勘開採。

1990 年代，隨著世界經濟國際化發展，國際經濟領域的競爭更加激烈，為了減少失業、抑制通貨膨脹、增強經濟活力和適應國際形勢的新變化，哥倫比亞開始進入經濟開放的階段，政府全力支持出口部門的發展，增加外資在國內生產中的比重，減少許多對外貿易的限制並且減少公共浪費。一般而言，1995 年以前的經濟成長率一直高於拉丁美洲平均水準，到 1995 年為止，經濟產業仍然以基本部門為主，其中農業、漁業和礦業的國內生產總額占全國百分之二十五，居第一名，製造業和貿易分居二、三名。雖然 1999 年一場嚴重的經濟衰退衝擊了哥倫比亞，造成經濟活動停滯，但仍迅速復原，而且 2000 年的國內生產總額成長了百分之三。回顧過去幾十年的發展，工業已逐步取代農業成為主要經濟活動，且因為國家政策、密集的外國投資和發展完善的水力發電設備而受惠許多，政府還設立工業發展部門來培養金屬工業、汽車製造業和鋼鐵製造業。經由政府的努力，哥倫比亞除了紡織工業居全國翹楚外，製糖業、化學製品和食品加工業的生產，亦占一席之地。

位在帕茲德里歐 (Paz de Río) 的鋼鐵聯合工廠，供應全國大部分的金屬品，波哥大、麥德林、卡利、巴蘭基亞和卡塔赫納都是主要的工業中心，前三個城市地處內陸，故在進口加工原料和出口產品方面，處於十分不利的地位，後二個城市因位在加勒比海沿岸，進、出口的運輸較為便利。

四、珠寶業

哥倫比亞礦藏豐富，出產品質良好的黃金、白銀和綠寶石，根據統計，在 2010 年 1 月至 4 月間，黃金出口首次取代咖啡成為哥倫比亞

第一大出口產品。

綠寶石出口亦占世界第一位，每年出產數千萬美元的綠寶石到全球各地，占全球綠寶石市場的一半，哥倫比亞綠寶石有著特別優秀、晶瑩清澈的純綠色，此為與眾不同之處，在國際市場享有極高評價，已成為頂級綠寶石的代名詞，主要出口國為美國、委內瑞拉、厄瓜多、墨西哥及西班牙。

東科迪耶拉山是綠寶石的主要產地。在波哥大商業區，每天有數百萬美元的綠寶石交易，市中心有一條綠寶石街，聚集了大大小小上百家首飾店和工作坊，也匯聚了世界上最好的綠寶石工匠，人們經常看到頭戴巴拿馬草帽的小販，手裡拿著好幾包綠寶石在寶石街向路人兜售，不懂綠寶石的人千萬不能隨便從攤販手裡買寶石，很多看似美麗的寶石，其實都是贗品。政府將綠寶石列為專賣，不允許隨便買賣綠寶石，加工或銷售綠寶石者均須獲得政府許可並註冊。

目前最重要的礦區是穆索和戈斯奎茲 (Coscuez)，戈斯奎茲有著近六十個採掘點，大約四分之三的哥倫比亞綠寶石來自於戈斯奎茲礦區。1970 年代，穆索的礦井一度引起麥德林販毒集團首腦艾斯科巴 (Pablo Emilio Escobar Gaviria) 的覬覦，他認為綠寶石是一條可以轉換古柯鹼非法利潤的方法，但是綠寶石業的老闆們堅不俯首稱臣。1980 年代，由於黑社會家族和毒品集團相互競爭控制綠寶石的利潤和開採權，發生波哥大地盤大戰，此即惡名昭彰的「綠色戰爭」(Guerra Verde，1984～1990 年)，凡是產綠寶石的礦坑都成了血腥戰場，大約死了三千人後，販毒集團始覺悟到無法控制綠寶石交易。

在綠色戰爭中，最頑強抵抗的寶石業大亨是卡朗薩 (Víctor Carranza)，出生於博亞卡的貧窮家庭，童年時期，他的哥哥找到了一大塊綠寶石，說好去波哥大賣掉綠寶石，為家裡買一小塊土地，但卻從此杳無音訊，卡朗薩便誓言要找到一塊價值更大的綠寶石，於是開始在礦區工作，直到後來擁有兩家全世界最大的綠寶石公司。儘管政府大力宣傳，倡議要使綠寶石交易變成正規經濟，但歹徒、淘石者和

交易商仍聚集於黑市交易，當政府撤出不再控制寶石交
易市場後，卡朗薩很快填補了權力真空，甚至成為一個
無可爭議的贏家，他有自己的私人武裝力量撐腰。1990
年，卡朗薩和販毒集團簽訂了結束綠色戰爭的停戰協
議，他也成為著名的「綠寶石沙王」，晉身為哥倫比亞
富豪之一❸。有鑑於此，政府給卡朗薩五十年的特權，
准其開採控制範圍內的礦區，不受警察和稅收的妨礙。

五、觀光業

　　哥倫比亞是拉丁美洲重要的旅遊中心之一，自從烏
利貝 (Álvaro Uribe Vélez) 總統在 2002 年就職以後，為
了維持國家安全和穩定，堅持增強全國警力和軍事力
量，很明顯地已經帶動國家經濟的穩定發展，尤其實施
強硬的「民主安全政策」(política de seguridad
democrática)，將那些叛亂團體驅趕到主要城市以外，吸
引了世界各地前來觀光的遊客。2000 至 2004 年間，觀
光客的成長率居南美洲第三名，同時期只有秘魯和蘇利
南的成長率高於哥倫比亞；2006 年，官方旅遊業估計約
有一百五十萬國際觀光客訪問哥倫比亞，較去年增加約
百分之五十；2007 年，各國到訪哥倫比亞觀光客人數以
美國的二十六萬五千六百人領先，占全部外籍遊客總量
之百分之二十二‧二，其次為委內瑞拉的百分之十六‧
五，厄瓜多百分之九‧二。國際知名旅遊雜誌 *Lonely
Planet* 將哥倫比亞評定為全球十個最佳旅遊國之一。
　　日益重要的旅遊業，為該國吸收大量外匯，帶動了
服務業、旅館飯店業及大眾運輸業的蓬勃發展，創造無
限生機。預估至 2015 年觀光業收入可達六十六億美元，
同時提供五十四萬名就業機會。哥倫比亞的觀光景點及

❸1998 年 2 月，
卡朗薩在波哥大
被捕，被指控資助
準軍事組織，包括
惡名昭彰的「黑
蛇」部隊。2002
年，卡朗薩從監獄
被釋放。

特色眾多，可將觀光發展型態依不同主題分成：

1. 森林生態觀光：哥倫比亞是有名的野生王國，充滿許多奇珍異獸，可進入原始森林觀賞許多稀有品種的野生動植物及享受大自然洗禮。

2. 海灘渡假觀光：熱情洋溢的加勒比海風情是最佳選擇，馬格達雷納省的首府聖馬爾塔是哥倫比亞最怡人的城市之一，可到艾爾羅達德洛海灘 (El Rodadero) 享受日光浴，或漫步於觀光大道，享受撒爾沙音樂。

3. 文化歷史觀光：可探訪充滿印地安文明的考古遺址，如泰羅納國家公園、聖奧古斯丁考古公園或堤耶拉丹特羅考古公園；也可參觀哥倫比亞保存殖民風格最完整的城市波帕揚，欣賞殖民時期的歐式建築；聖奧古斯丁村路旁兩邊排列著低矮的西班牙式房屋，村子封閉的地理位置，使其仍然維持著不受外界干擾的生活步調。卡塔赫納既可享受海灘悠閒時光，有夜總會、酒吧和餐廳，又可欣賞殖民式的小堡壘、教堂和古蹟，十六世紀期間，曾遭到海盜攻擊，後來西班牙王室決定在該城建築強大的防禦工事，以保衛港口商船，建築

圖 14：卡塔赫納街景

工程浩大，持續了好幾十年，城中最著名的景點是具有巴洛克藝術風格的「宗教法院」(Palacio de la Inquisición)，大門旁的一扇小窗，是過去天主教徒揭發其他教友異端、瀆神或行使巫術等行為的地方，宗教法院如今已改建成博物館，展示著各類刑罰工具的模型，提醒著人們宗教法庭曾進行恐怖的審判，因此成為哥倫比亞觀光客最多的地方。

4. 城市展覽觀光：哥倫比亞的主要大城市都設有許多博物館，例如可到黃金博物館欣賞數千件耀眼奪目的黃金飾品，沾點貴氣；在國家博物館觀賞史前時代流傳至今的珍寶文物、各種風格的哥倫比亞繪畫和雕刻；在殖民藝術博物館欣賞土生白人創作的宗教性雕刻和繪畫；或是到麥德林的現代藝術博物館和人類學博物館，見識其現代化的都市發展。

第三節　區域經濟整合模式

近年來，哥倫比亞政府積極與美洲國家訂立經貿合作政策，加入國際經濟組織，以創造國內就業機會，增加出口產品，提升經濟發展，促進社會安穩。目前，哥倫比亞已是安地諾集團、三國集團 (Grupo de los Tres, G-3) 的會員國，也是南錐共同市場 (Mercado Común del Sur, Mercosur) 的準會員國，亦持續配合推動「美洲自由貿易協定」（西班牙文 *Área de Libre Comercio de las Américas*，英文 *Free Trade Area of the Americas*, FTAA），此舉有助於加強與美洲國家貿易的關係。

一、安地諾集團

1969 年秘魯、智利、厄瓜多、玻利維亞和哥倫比亞等五國於哥倫比亞的卡塔赫納市簽署《卡塔赫納協定》(*Acuerdo de Cartagena*)，共同成立一個經濟整合組織，由於各締約國均屬南美洲安地斯山麓國家，故習慣將該協定稱為《安地諾條約》(*Pacto Andino*)，該集團則稱為「安

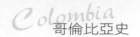

地諾集團」。1973 年，委內瑞拉正式加入成為會員國，1976 年智利退出，1979 年巴拿馬成為該集團之預備會員國，秘魯卻因其經濟情況欠佳，無法配合該集團之運作，遂於 1992 年暫時退出，改以觀察員身分參與。

安地諾集團成立之宗旨在於促進會員國間的均衡與和諧發展，並藉由次區域性之漸進經濟整合，達成拉丁美洲總體合作之目的。為達成該項任務，各會員國須就其經濟政策共同協調規劃，加強農業發展，提升工業水準，相互開放市場，促進貿易自由化，實施統一關稅制度，俾利各項勞務及貨品得以互惠互補，順暢交流。

安地諾集團之活動一向以哥倫比亞及委內瑞拉居領導地位，兩國總貿易金額占整個集團的三分之二左右，國民生產總毛額約占百分之七十，可見該集團之經貿分量極不均衡，也使得經濟力較弱之會員國採行貿易保護主義。

美國前總統布希於「反毒計畫」的架構下，特別針對安地諾集團會員國（委內瑞拉除外）制訂《安地諾貿易優惠法案》(*Andean Trade Preference Act, ATPA*)，自 1991 年 12 月起，包括來自安地斯山四國之咖啡、香蕉、鮮花、蘆筍、石油和礦產等共計約六千項貨品，得享免關稅待遇銷至美國市場，有助於促進美洲自由貿易，並為安地諾集團國家的工人提供就業機會。2007 年，美國國會通過延長該法案的效期。

歐盟理事會亦延長給予安地諾集團的關稅優惠，此一決定，使得安地諾會員國出口到歐盟國家的農漁產品享受普遍優惠關稅，而菸草、燃煤、花卉、咖啡、果汁、可可、穀類、紡織品、麵粉製品、皮革製品和蔬菜調製品等大宗出口產品亦得享受該項優惠。

二、三國集團

安地諾集團會員國之間不平衡的經濟發展，導致哥倫比亞和委內瑞拉轉與墨西哥共同成立「三國集團」，三國早在 1990 年底即已同意在 1994 年之前成立自由貿易區域。經過三年多努力，終於在 1994 年

達成協議。由於三國經濟迥異，墨西哥經濟規模遠大於哥倫比亞及委內瑞拉，故三國集團協定事實上乃以嘉惠哥倫比亞和委內瑞拉為原則，旨在促成三國逐步相互減免關稅，撤除關稅壁壘，俾達成自由貿易之目的，終極目標為完成三國之經濟整合，並強化與中美洲及加勒比海國家之合作效率。

三、南錐共同市場

1991 年，阿根廷、巴西、烏拉圭及巴拉圭四國簽訂《亞松森協定》(*Tratado de Asunción*)，成立南錐共同市場，其宗旨為促進自由貿易，資本、勞動、商品自由流通，廢除成員國之間的商品關稅，成立對外共同稅率。南錐共同市場於 1995 年 1 月 1 日開始運作，總部設於烏拉圭首都蒙得維的亞（Montevideo，又稱為孟都），成為一個幅員廣達一千二百七十八萬平方公里，總人口約二億六千六百多人的經濟共同體，就面積及人口而言僅次於北美自由貿易區及歐盟，對世界經貿發展有重要影響力。之後陸續加入智利、玻利維亞、秘魯、厄瓜多和哥倫比亞五個準會員國，2006 年委內瑞拉正式加入，成為會員國之一。

四、南美洲國家聯盟

早在 1824 年，玻利瓦就曾呼籲南美大陸的獨立與統一，玻利瓦的理想一直到二十世紀後期方逐漸實現，近年來，由於拉美部分國家區域經濟一體化組織相繼建立，並且在經濟全球化的趨勢下，區域經濟合作不斷發展，南美大多數國家多次遭受金融危機的衝擊，並引發國內政局動盪、經濟衰退，在這種形勢下，南美各國聯合自強，積極尋求一體化發展道路的要求日益強烈。

2004 年 12 月 8 日，第三屆南美洲國家元首會議於秘魯舉行，會議通過〈庫斯科聲明〉(*Declaración de Cuzco*)，宣布成立南美洲國家共同體 (Comunidad de Naciones Suramericanas)，由秘魯、厄瓜多、玻利維亞、哥倫比亞四個安地諾集團國家和巴西、阿根廷、烏拉圭、巴拉圭

和委內瑞拉五個南錐共同市場會員國，再加上智利、圭亞那和蘇利南共十二個南美國家組成，另包含墨西哥和巴拿馬二個觀察員。2007 年 4 月，南美洲國家共同體改為「南美洲國家聯盟」(Unión de Naciones Suramericanas, Unasur)。

五、雙邊貿易協定

2006 年 11 月，哥倫比亞與美國正式簽署自由貿易協定，以消除兩國在商品貿易與勞務往來的壁壘與其他限制，使兩國之間每年高達上百億美元的商品與貿易往來更為開放自由。此協定實施後，便立即對所有原產地產品實施免稅待遇，尤其是紗線、布料與成衣等，規定所有從紡紗開始製成的平織或針織布料，皆必須在哥倫比亞或美國製造，而成衣也必須在哥倫比亞或美國裁剪與縫製，方可享有關稅優惠。

2009 年 5 月，哥倫比亞與智利的自由貿易協定全面生效，目前哥倫比亞還在努力加強與巴西、秘魯等拉丁美洲國家的經貿合作。

第五章
文化生活

第一節　藝術涵養

　　哥倫比亞擁有豐富的藝術遺產，在歐洲人抵達之前即已開始重要的創作。傳統上，哥倫比亞的文化深受西班牙影響，再融合本土印地安人和外來非洲黑奴的特色，彷彿是三道彩虹匯聚成的美麗天河，在不同地區表現出不同的特色，使其文化發展獨樹一幟。複雜的地形也間接促使藝術的多元化，尤其是因為高山、沼澤、河流而被孤立的地區，均發展出獨一無二的文化。哥倫比亞已成為具代表性的拉美國家之一，豐富的展示品中以當代藝術為特色，陳列於博物館及私人的商業畫廊中。

一、民間藝術

　　哥倫比亞是一個民間藝術十分豐富的國家，無論音樂、舞蹈、日常生活、飲食習慣均結合了各地區特色，呈現出鮮豔奪目、包羅萬象的風格，造就了哥倫比亞成為拉美民間藝術最豐富的國家之一，其中又以音樂及手工藝的成就最為顯著。手工藝方面，無論是編織籃子、

圖 15：編織巴拿馬草帽
在熱帶地區各類手工編織
草帽非常實用。

圖 16：陶藝家在博亞卡的商店
前展示其作品　製陶工業自前
哥倫布時期便已廣為流傳。

毛毯、衣服、皮革，捏製陶土，或是金匠和珠寶師的巧思創意，都反映其無限巧思的創作藝術。當地居民似乎擁有渾然天成的精巧手藝，信手拈來便可將棉或羊毛編織成時髦的流行服飾和毛毯，而編織籃子的行業亦普遍流行於許多小村莊或小城鎮中。眾所周知的巴拿馬草帽並不是由巴拿馬人所發明，而是哥倫比亞一個阿瓜達斯小鎮 (Aguadas) 的居民所發明，當地種咖啡的勞工為了防止紫外線曬傷臉部，便用棕櫚葉編織成寬帽緣的大草帽，之後廣為流行，這種草帽就變成拉丁美洲家喻戶曉的帽子。

在博亞卡省的拉吉拉鎮 (Ráquira)，陶藝家仿製奇布查族的陶器形式及裝飾。阿華科族的純手工包包，以鮮明色彩及優良品質著稱；蒙波士 (Mompós) 小鎮則以手工打造珠寶首飾上的極細緻黃金飾品著稱，還出產全國頂級品質的搖椅。許多知名藝術家甚至運用到古老的

圖 17: 哥倫比亞各鄉鎮隨處可見販賣色彩鮮豔的工藝品商店

原住民技藝，例如：一種稱為羊毛斗篷 (mola) 的長方形布料，即是運用庫納族古早的編織技巧，再融合現今流行的元素，有著色彩繽紛的設計和白、灰、淺棕色，而且今日在許多地區仍舊使用著幾百年前的原始手工織布機。

二、音樂舞蹈

在哥倫比亞，無論嚴肅的教會服侍或輕鬆活潑的街頭慶典，音樂絕對占有一席之地。被西班牙人征服之前，印地安人就懂得利用風和打擊樂器，常在祭典和節慶時演奏，每個舞蹈動作也有其意義。西班牙統治時期，哥倫比亞是南美洲音樂活動較活躍的國家之一，波哥大教堂收集了許多十六世紀歐洲多聲部音樂和巴洛克音樂，十七世紀時就建立了傳授教會音樂的機構。後來西班牙人和非洲黑奴引進了鼓、吉他、手風琴、各式笛子和許多可以發出音樂的樂器，使得哥倫比亞的音樂兼具原住民風格、西班牙帝國節奏和非洲國家元素，也因地域差異且使用獨特的當地樂器，衍生出獨具特色的音樂節奏及舞蹈風貌，例如：太平洋、大西洋和加勒比海沿岸主要流行的音樂及舞蹈具有濃

圖 18： 盛行於哥倫比亞全國各地的昆比亞舞蹈

厚的非洲色彩，有舞蹈動作極為狂野及充滿性愛的古拉勞 (curralao)、表達男歡女愛喜悅的昆比亞 (cumbia)，還有瑪巴雷 (mapalé)、布耶雷給 (bullerengue)、波羅 (porro)、梅雷昆貝 (merecumbe)、加伊大 (gaita) 和梅雷給 (merenque)，皆以非洲土著的打擊樂器演奏，強調舞蹈的活潑性和協調性。

　　1900 年代初期，加勒比海沿岸盛行一種名為巴耶納豆 (vallenato) 的傳統音樂，最初是一種流傳於農民之間的民俗音樂，初期受到不少西非音樂的影響，非洲鼓、笛子和印地安人的民俗打擊樂器瓜恰拉卡 (Guacharaca) 是不可或缺的演奏樂器；到了後期，由於許多吟遊詩人受到歐洲音樂的影響，而開始將鋼琴和手風琴等樂器融入，演奏出輕快的節奏，再搭配雄渾、堅定、激昂的男聲，一時蔚為流行。生動活潑的民族歌曲不僅提供了人民娛樂，而且也到處流傳，無論在酒吧、舞廳、餐廳、飯店，甚至在公車或是街道，到處都聽得到巴耶納豆的音樂。撒爾沙舞蹈盛行於整個加勒比海國家，1960 年代末傳至哥倫比亞，卡利和巴蘭基亞是主要流行撒爾沙的城市。

　　安地斯山區較流行源自於西班牙的吉他或其他弦樂器演奏的音

樂，搭配有韻律、不疾不徐的節奏，再融合些微印地安原住民的特色而成，盛行於安蒂奧基亞、卡爾達斯、托利馬、烏伊拉、納里紐、博亞卡及桑坦德等地區，較著名的音樂有類似華爾茲的帕西尤 (pasillo)、班布戈 (bambuco)、瓜比納 (guabina) 和托貝依諾 (torbellino)。班布戈是哥倫比亞最有特色的歌舞音樂，具有求愛的內容，將印地安人的憂傷、黑人的熱情和西班牙人的豪爽氣概融為一體，曲調歡愉又帶有感傷的色彩，常用三弦琴、吉他和沙槌等樂器伴奏。

靠近委內瑞拉邊境的東部平原流行河洛波 (joropo) 民俗歌曲和來自西班牙的河洛洛 (jororo) 音樂。河洛洛是一種由豎琴、單簧管、響葫蘆 (maracas) 和四弦琴 (cuatro) 所演奏的音樂，完整呈現出過去西班牙殖民的情況，類似墨西哥的熱舞 (jarabe)，在芭蕾和舞蹈藝術中保存了阿拉伯式腔調及佛朗明哥舞步。南部與厄瓜多接壤的印地安人音樂，具有安地斯高原音樂的特點；北部和中部高原居住著許多土生白人和梅斯蒂索人，音樂受西班牙影響較深；亞馬遜雨林區的印地安人音樂則充滿原始風貌。

昆比亞是哥倫比亞最受歡迎的音樂，遍及全國各地，甚至到全拉丁美洲，尤其在農村地區最受歡迎，由當地組成的小樂團演奏，演奏的樂器有鼓、貝斯、吉他和手風琴，偶爾再加上小號。最近十年來，它已逐漸往都市發展，在紐約、墨西哥市和布宜諾斯艾利斯都可聽到。

三、建築繪畫

殖民時期的城鎮建設深受西班牙母國影響，磚瓦為主要建築材料，遵循著嚴謹的計畫，一切依照西班牙國王要求，街道由北至南、由東至西，按棋盤式格局建造，每個城鎮必須有一個中心廣場，四邊面對著廣場，廣場的一邊或一邊以上加蓋著拱廊便於商人展示貨物，有自己的教堂，通常興建在廣場之外的高處，以便鎮民隨時仰望。一般而言，建築物的風格多為精細的裝飾和雕刻，殖民時代的教堂和修道院現今依然存在，波哥大、波帕揚和卡塔赫納等城市的中心地帶就是很

好的例子。阿雷納斯（Rodrigo Arenas Betancur，1919～
1995 年）是哥倫比亞二十世紀的雕刻家翹楚，作品多半
為紀念性的公共藝術品，充滿想像力的雕像完全融入於
城市建築中，亦成為哥倫比亞的著名景點。

　　西班牙殖民者引進歐洲的繪畫，這些作品逐漸影響
哥倫比亞的本土藝術家，其中又以宗教藝術的影響甚
鉅❶，引領著殖民大城市的風潮。阿爾賽（Gregorio
Vásquez de Arce y Ceballos，1638～1711 年）是殖民時
期最有名的畫家，作品超過五百件，展示於全國各地的
教堂和博物館。由於當時的藝術和文學受到西班牙王室
的嚴格管制，僅限於政治和宗教議題，因而沒有受到很
大的重視，有名的藝術學院如利梅納 (Limeña) 和基德
納 (Quiteña) 均偏向巴洛克風格。

　　獨立之後，藝術完全脫離宗教題材，但直到十九世
紀哥倫比亞的畫家才開始經歷及開創真正的原創藝術，
現代歐洲的藝術風格也影響到哥倫比亞二十世紀的藝
術家。1930 年代，許多畫家及雕刻家逐漸展露頭角；
1940 年代則發展出個人風格；1950 至 1960 年代，歐布
雷貢（Alejandro Obregón，1920～1992 年）被視為哥倫
比亞最具有影響力的畫家，畫風傾向於抽象派，作品大
多描繪哥倫比亞的花卉及動物。

　　哥麥茲（Pedro Nel Gómez Agudelo，1899～1984 年）
為主要代表人物，集畫家、建築師、雕刻家、壁畫家及
都市學專家的身分於一身，也是哥倫比亞國立大學建築
學院的創辦人，被視為拉丁美洲當代最重要的壁畫家之
一，與墨西哥的里維拉（Diego Rivera，1886～1957 年）、
阿法羅（David Alfaro Siqueiros，1896～1974 年）並列
齊名，著名的壁畫作品有位於麥德林市安蒂奧基亞大學

❶指將宗教題材
的故事表現在繪
畫、雕塑和教堂祭
壇後方的裝飾，因
此，殖民時期許多
繪畫的題材包括
了蒙基聖母 (Vir-
gen de Monguí) 和
奇金基拉聖母，也
都成了民眾禮拜的
焦點，信眾們都繪
聲繪影的描述那些
繪畫具有神蹟。

圖 19：波德羅作品「總統全家福」

中央圖書館的城牆，第一件大型壁畫則是安蒂奧基亞博物館 (Museo de Antioquia) 的十一件壁畫作品。現今位在麥德林市阿蘭輝茲區 (Aranjuez) 的故居，已由後代子孫改建為貝德羅‧尼爾‧哥麥茲大師博物館 (Casa Museo Maestro Pedro Nel Gómez)。

　　哥倫比亞目前最著名畫家非波德羅 (Fernando Botero Angulo) 莫屬，他生於 1932 年麥德林的一戶貧窮家庭，1951 年搬到波哥大，之後赴歐洲及紐約學習，畫風受義大利文藝復興時期及巴洛克風格影響，同時亦吸收墨西哥壁畫藝術色彩，作品具有獨特的表現主義，筆下的人物或動物都以諷刺性的渾圓肥胖身材著稱。

第二節　文學成就

一、萌芽時期

　　隨著西班牙文化傳入拉丁美洲新大陸,出現了有關西班牙「黃金時代」的一些作品❷。殖民時期的文學作品少之又少,菲利浦二世限制殖民地文學產量,禁止騎士小說 (novelas de caballería),間接造就了詩及印地安編年史的繁榮,以弗雷萊(Juan Rodríguez Freyle, 1566~1640 年) 為代表,弗雷萊於 1638 年寫的《公羊》(*El Carnero*) 被認為是殖民時期最重要的小說之一,藉由書中的印地安人主角來描述美洲殖民史、內戰、新格拉納達王國 (Nuevo Reino de Granada) 的征服及波哥大城市的建立。

　　當時較著名的作家尚有卡斯蒂約 (Francisca Josefa del Castillo y Guevara, 1671~1742 年) 修女,她是一位神秘論者,修道院的生活使她得以藉由《聖經》、祈禱文等書籍來充實自身知識水準,也因為過著與世隔絕的生活,其文學作品充滿了禁慾主義和神秘主義色彩,終其一生將文學素養和宗教思想貢獻於聖塔克拉拉 (Santa Clara) 修道院中,直到十九世紀她的作品《他的一生》(*Su Vida*) 和《精神的苦惱》(*Afectos Espirituales*) 才問世。曾有人將她與墨西哥著名的巴洛克女詩人瑪娜修女(Sor Juana Inés de la Cruz, 1651~1695 年) ❸相比較。

　　十八世紀中期以後,出現了傳播法國新思想的政治著作,獨立之初的政治人物如:玻利瓦、托雷斯 (Camilo

Torres Tenorio)、納里紐 (Antonio Nariño) 和桑坦德 (Francisco de Paula Santander) 都是才能兼備的作家。十八至十九世紀，西班牙的文學風格支配著哥倫比亞作家的寫作方式，到了十九世紀後期，拉美社會狀況漸趨穩定，經濟開始發展，文學方面則漸趨重視民族主義，因而同時出現兩種不同卻又相互有關係的文學流派：後浪漫主義和現代主義。

二、蓬勃發展

　　後浪漫主義是指感傷浪漫主義，力求以純粹的情感打動讀者，重視發掘古印地安文學的遺產，重新肯定西班牙文學成就，積極引進歐洲新的流派，代表作家有詩人兼小說家伊薩克斯 (Jorge Isaacs Ferrer，1837～1895 年)。伊薩克斯生於考卡省卡利附近的富商兼莊園主家庭，童年即在父親的莊園中度過，十一歲去波哥大念中學，後去英國學醫，1867 年發表自傳體長篇小說《瑪麗亞》(*María*)，作品具有濃郁的拉美情調和強烈的浪漫主義氣息，優美的自然景色與生動的風土人情，受到高度評價，被譽為「美洲之詩」，是拉丁美洲後浪漫主義的代表作，也是拉美歷史上最為人知的闡頌愛的故事，直到今日仍被廣泛閱讀。

　　龐波 (José Rafael de Pombo y Rebolledo，1833～1912 年) 是哥倫比亞浪漫主義之父，身兼詩人、作家、翻譯家及外交官於一身，也被視為拉丁美洲最偉大的浪漫主義作家之一。因外交官身分，曾派駐紐約多年，旅居美國十七年的生活，使其深受英國浪漫主義的影響，從作品中可感受到自由主義思想。豐富的幽默感，無拘束的想像力，使得他在童話作品中，創造許多歷史故事，在兒童文學界享有盛名，是哥倫比亞最偉大的童話家之一。他也是西語文學翻譯界的箇中高手，將許多書籍翻譯成西班牙文，主要譯作有：莎士比亞的詩作《哈姆雷特的獨白》(*El Soliloquio de Hamlet*) 和法國浪漫詩人拉馬丁 (Alphonse de Lamartine) 的《垂死之詩》(*El poeta moribundo*) 等。1905 年 8 月 20 日，哥倫比亞政府於首都的哥倫布戲院，授予他象徵哥倫比亞文學界最高榮譽的「哥倫比亞國家詩人」頭銜，以感謝他對文學的卓越貢獻。

目前他位在波哥大的故居已改為「拉法葉‧龐波基金會」(Fundación Rafael Pombo)，供後人參觀，藉以鼓勵、啟發全國人民的文學創造力。

十九世紀末十年與二十世紀初，大約三十年的時間，拉美國家的寫作風格丕變，當時適逢獨立戰爭之後，各國政權仍操在大莊園主和帝國主義手中，一些知識分子因看不到未來出路而感到悲觀，意志消沉，逃避現實，再加上民族主義的影響，文學上急於擺脫西班牙殖民主義的傳統束縛，開始反抗傳統文學模式，講究創新表現，創造自己的民族風格，此稱為拉美的現代主義文學，在拉美文學史上占有重要地位。阿松森（José Asunción Silva，1865～1896 年）是哥倫比亞現代主義的詩人代表，被視為拉丁美洲現代主義的先驅，並且和古巴國父馬帝（José Martí，1853～1895 年）、尼加拉瓜詩人達利歐（Rubén Darío，1867～1916 年）並列為當時重要的代表人物，尤其達利歐受到阿松森的影響很大。之後湧現了一批現代主義派作家，如小說家森貝爾（José María Samper，1828～1888 年）和抒情詩人瓦倫西亞（Guillermo Valencia Castillo，1873～1943 年）❹。

二十世紀是拉美文學的黃金時代，各種文學流派百花齊放，優秀作家和作品不斷問世。哥倫比亞此時期的文學特點之一是描寫社會現狀的小說蔚為潮流，著名作家卡拉斯基亞（Tomás Carrasquilla Naranjo，1858～1940 年）的著作《我家鄉的果實》(Frutos de Mi Tierra)，便是一部描寫安蒂奧基亞山區百姓生活的小說。

另一位著名作家是里貝拉（José Eustacio Rivera，1889～1928 年），生於內瓦市，1917 年畢業於哥倫比亞國立大學法律系，保守黨人，曾當選眾議員，分別於

❹瓦倫西亞熱衷於將世界各國的優秀詩歌翻譯成西班牙文，1929 年出版的詩集《契丹》(Catay)，就是中國古詩翻譯而成的作品。

1921 年和 1924 年擔任駐墨西哥及秘魯的外交官；1922
至 1923 年參加哥倫比亞與委內瑞拉邊界協調委員會，
因而有機會遊遍奧利諾科河和黑河流域的原始熱帶森
林，真正在印地安部落生活，親眼目睹橡膠採集工人艱
困的處境，這一切都成為他後來創作長篇小說《漩渦》
(*La Vorágine*) 的豐富素材。《漩渦》敘述城市青年阿圖
羅 (Arturo) 的冒險故事，他為了逃離當時的右派社會，
隱藏至東部平原，途中與愛人愛麗西亞 (Alicia) 失散，
為了尋找愛麗西亞而進入亞馬遜叢林，最後兩人都被森
林吞沒的悲劇。小說描寫了橡膠工人的悲慘生活，為求
生存奮戰不懈，適切反映出社會的不幸，以詩一般的筆
調呈現出熱帶森林的自然奇觀和恐怖景象，而日常生活
景象卻又充滿浪漫主義風格。

　　1958 年至 1964 年間，在麥德林市出現一種反傳統
文化運動，稱為「無所謂主義」(Nadaísmo)，其前身為
達達主義及超現實主義，受到美國文學界「疲憊世代」
(Generación Beat)❺的影響，表達出反傳統社會及文化
機構、反哲學的虛無主義。無所謂主義的支持者多半是
持反對立場及粗魯無禮的年輕人，他們在詩中表達出高
度的社會不滿。

三、魔幻寫實

　　1940 至 1950 年代拉丁美洲以魔幻寫實主義獨領
風騷，1960 至 1970 年代是哥倫比亞「文學爆炸」時期，
以賈西亞‧馬奎斯（Gabriel García Márquez，1927
年～　）為代表，他不僅是哥倫比亞當代最傑出的作家、
魔幻寫實主義運動的主要人物，對拉丁美洲也有舉足輕
重的影響力，其作品記錄了加勒比海沿岸的生活型態和

❺指二次世界大戰之後出現於美國的一群頹廢年輕詩人和作家，此一名稱最早由作家克魯亞克 (Jack Kerouac) 於 1948 年左右提出。他們反對美國傳統價值，崇尚自由及性自主，毫不避諱吸食藥物並探究東方哲學，對戰後美國後現代主義文化的形成具有舉足輕重的作用。在西方文學領域，「疲憊世代」被視為後現代主義文學的一個重要分支，也是美國文學史上重要的流派之一。

歷史軌跡，絕大多數的外國人都是藉由賈西亞·馬奎斯的作品而認識哥倫比亞的北部風情。

1927 年，賈西亞·馬奎斯出生於馬格達雷納省的阿拉卡塔卡小鎮 (Aracataca)，在波哥大的哥倫比亞國立大學和卡塔赫納大學攻讀法律和新聞學。1948 年，波哥大暴動關閉了大學，因而中輟求學生涯，開始從事記者工作，分別在卡塔赫納、巴蘭基亞和波哥大任職。後來嘗試撰寫短篇小說，第一部重要著作是《葉風暴》(La hojarasca)，故事中首次出現虛構的哥倫比亞村莊馬康多 (Macondo)，即為出生地阿拉卡塔卡小鎮的化身，後來許多作品皆以其為背景，逐漸展現將幻想和寫實主義結合起來的獨特風格。1950 年代後期任波哥大《觀察家日報》(El Espectador) 駐羅馬和巴黎記者，1958 年回國後又以記者身分赴卡拉卡斯。1959 至 1961 年任古巴通訊社《新聞報》(La Prensa) 駐哥倫比亞、哈瓦那和紐約記者，因對哥倫比亞政府多有批評而流亡海外，在墨西哥市從事電影劇本寫作，並任新聞記者和時事評論員。

第一次旅居墨西哥期間，賈西亞·馬奎斯創作了最著名的小說《百年孤寂》(Cien años de soledad)，描述馬康多鎮及當地布恩迪亞 (Buendia) 大家族的歷史，將虛構的主角、魔幻的情節和真實的歷史融合在一起，其暗晦家譜的迷宮，書中不斷重複好幾代的名字，就如同影射賈西亞·馬奎斯本身複雜的家世，把整個家族的歷史和拉丁美洲的歷史合而為一，充分反映出祖國的生活現象及矛盾衝突，將魔幻寫實風格發揮得淋漓盡致，虛虛實實，畢其功於豐富的幻想世界中，讀者可從小說中一窺哥倫比亞的近代史發展。馬康多已成為哥倫比亞或整個拉丁美洲任何一個小鎮的象徵。智利著名詩人聶魯達 (Pablo Neruda) 曾說：「賈西亞·馬奎斯是繼塞萬提斯之後最偉大的語言大師。」墨西哥作家福恩德斯 (Carlos Fuentes) 亦指出：「賈西亞·馬奎斯對西班牙語的貢獻比塞萬提斯還要大，不僅使我們的語言復活，也使我們的神話復活。」1982 年因該書獲得諾貝爾文學獎的殊榮，獲獎原因為「其長篇小說以結構豐富的想像世界，融合了魔幻與現實，反映出

圖 20：1982 年諾貝爾文學獎
得主賈西亞‧馬奎斯

南美大陸的生活與矛盾。」《百年孤寂》和伊薩克斯的《瑪麗亞》被部
分人士列為拉丁美洲最優秀的二本小說。

　　除了《百年孤寂》的巨擘之外，還有許多大家耳熟能詳的作品，
例如：《沒人寫信給上校》(*El Coronel no tiene quien le escriba*)，講述一
個年老的退伍軍人，為祖國屢建戰功，卻不為國家所賞識；《邪惡時刻》
(*La mala hora*)，描述發生在馬康多的政治迫害故事；《獨裁者的秋天》
(*El otoño del patriarca*)，諷刺一名哥倫比亞獨裁者的一生，以各種殘忍
手段排除異己的惡行；《預知死亡記事》(*Crónica de una muerte
anunciada*)，在拉丁美洲一個小鎮因名譽之爭而發生的一樁謀殺案；《愛
在瘟疫蔓延時》(*El amor en los tiempos del cólera*)，描述發生於卡塔赫
納的一段三角戀情；《智利秘密行動》(*La aventura de Miguel Littín
clandestino en Chile*)，描述智利皮諾契總統的獨裁統治；《迷宮中的將
軍》(*El general en su laberinto*)，描寫拉丁美洲解放者玻利瓦在生命的
最後十四天，沿著馬格達雷納河去聖馬爾塔所作的一次幻影般的旅行；
《愛與魔鬼》(*Del amor y otros demonios*)，敘述一名身為黑奴女兒的故
事，故事背景為卡塔赫納鎮壓事件。2002 年出版他的第一本自傳《細

說從頭》(*Vivir para contarla*)；2004 年，他以七十六歲高齡重返文壇，出版《憶我憂傷蕩婦》(*Memoria de mis putas tristes*)，描述一名垂死老人愛上一名為了家庭生計而出賣童貞的少女。

2010 年賈西亞‧馬奎斯出版《我不是來演講的》(*Yo no vengo a decir un discurso*)，書中收錄了 1997 年到 2007 年間公開演講的講稿，揭露出對文學的炙熱情感、新聞的熱忱，並且關注於周遭生態的浩劫、祖國的社會問題，讓人對他更加了解。

第三節　娛樂慶典

一、日常休閒

毫無疑問，哥倫比亞人最常從事的運動是足球，其次則是騎腳踏車和賽車，籃球和棒球也有越來越多的球迷，至於高爾夫球、網球及滑雪運動是少數有錢人的休閒娛樂。擲鐵圈 (tejo/turmequé) 遊戲是最具特色且廣受全國民眾歡迎的活動，源自於印地安人的習俗，幾乎每個城鎮都有一個擲鐵圈的廣場，遊戲規則是將鐵製圓圈擊中一個裝有少量火藥的目標物，撞擊之下產生爆炸，這是民眾每日午後與鄰居們消磨時光的最佳遊戲。另外一個較平民化的活動則是鬥雞，盛行於許多大城小鎮間。

和拉丁美洲其他國家的人民一樣，哥倫比亞人也受到西班牙文化的影響，喜歡鬥牛，許多地區都有鬥牛場，杜利那博覽會 (Feria Taurina) 於每年 1 月及 2 月舉行，是一個全國性的鬥牛季，這段時間內，每星期四和星期日全國各地的大城市都有鬥牛活動。

全國各地都有地區性定期集市，以慶祝當地重要意義的事件，這些集會不僅保留了傳統服飾，亦保存民間曲調和舞蹈，並將之延續發展。鄉村地區則維持著悠閒適意的生活，早晨起來習慣喝杯咖啡，老人們玩著撲克牌，年輕人則喝著啤酒。

二、宗教節慶

哥倫比亞是世界上節日最多的國家之一，有各種狂歡節、選美節、博覽會和傳統節日多達一千個，每年 1 月、8 月和 9 月是節日最多的月份。

大多數節日都與宗教有關，其中又以每年 2 月或 3 月為慶祝進入四旬齋之前（或是四旬齋期間）的一系列狂歡節最為特別❻，全國各地都會大肆慶祝，以巴蘭基亞狂歡節 (Carnaval de Barranquilla) 最具國際知名度。巴蘭基亞是哥倫比亞第四大城市，位於加勒比海沿岸和馬格達雷納河河口，是一個擁有豐富文化遺產的城市，獨特的地理位置使其在十九世紀和二十世紀一直為哥倫比亞主要的經濟中心，故而被稱為哥倫比亞的「黃金大門」。由於當時巴蘭基亞並沒有自己的文化傳統，當地居民占地利之便，易接觸新潮流和新思想，再加上與來自其他城市和村落移民引進的地方傳統相融合，繼而發展出獨具特色的文化風格；諷刺的是原本屬於其他地

❻復活節前四十天的齋戒及懺悔日，是為了紀念耶穌基督在荒郊禁食四十天。復活節的日期每年不同，所以四旬齋的起訖日期也每年不同。

圖 21：巴蘭基亞狂歡節中遊行表演的隊伍

區的文化今日已在原產地消失，卻在巴蘭基亞保存下來。

巴蘭基亞狂歡節融合了各種傳統文化，有本土、非洲和歐洲元素，無論舞蹈、音樂或使用的樂器，都源自美洲、非洲剛果和歐洲的西班牙。狂歡節的音樂由鼓樂隊或管樂團演奏，舞者、演員、歌手和樂手都穿戴著千奇百怪的面具、頭飾和服裝，為眾人表演戲劇和音樂節目；表演的內容均取材自歷史和現實事件，用嘲諷演說和歌曲譏諷時政和當代的政界人物，為狂歡節增添滑稽氣氛。2003 年，聯合國教科文組織將巴蘭基亞狂歡節列為人類口頭非物質遺產。

復活節前的聖週也是另一個重要節日，不僅在哥倫比亞，舉凡是天主教國家都會在這週舉行宗教儀式慶祝，這一週每天都是紀念日，例如：聖星期四 (Maundy Thursday)❼、耶穌受難日 (Good Friday)❽、聖枝主日及耶穌升天日 (Ascension Day)❾。西南部的波帕揚和北方的蒙波士是慶祝聖週最熱鬧的城市，來自全國各地的民眾分別聚集在這兩個城市慶祝，有精心設計的黃昏遊行隊伍，代表該市的聖者雕像也在遊行隊伍中，教會裡舉行許多宗教服侍。復活節之後的大日子就是聖誕節，哥倫比亞的聖誕假期始於 12 月 7 日，當天全哥倫比亞的天主教徒都會點燃蠟燭以紀念聖母瑪莉亞；12 月 8 日為聖母瑪莉亞無原罪懷胎 (Immaculate Conception) 之日❿，已訂為國定假日。

南部納里紐省帕斯托城 (Pasto) 的黑白狂歡節 (Carnaval de Negros y Blancos) 是源自於殖民時期的節日，也是重要慶典之一。早期為了紀念西班牙殖民者允許黑奴們參與慶祝活動，黑奴的主人們便在全臉塗上黑

❼復活節前的星期四，也是耶穌受難日的前日。

❽復活節前的星期五。

❾復活節後第四十日之星期四。

❿指瑪莉亞從她懷胎的那一瞬間起即已免除原罪。

色顏料，翌日，奴隸們則將臉塗白。流傳到今日，已習慣在狂歡中用歌舞和遊行方式，紀念幾個世紀前黑奴的遭遇和他們帶來的非洲文化，每年1月5日就是所謂的「黑人日」(Día de los Negros)，所有民眾都想盡辦法用油脂或灰燼將臉塗黑，1月6日則是「白人日」(Día de los Blancos)，所有人則用粉筆或麵粉將臉塗白，只要那兩天中有人沒有依據這個流傳已久的習俗裝扮，就會被其他淘氣的人追捕，並在臉上塗黑或抹白，2009年，聯合國教科文組織將黑白狂歡節列為人類口頭非物質遺產。

三、五花八門節日

每兩年於波哥大舉辦的伊比利美洲藝術節 (Festival Iberoamericano de Teatro) 不僅規模宏大，國際影響力也與日俱增，目前已成為拉丁美洲，甚至全世界最重要的藝術節之一。1988年，為紀念波哥大建城四百五十週年，具有阿根廷血統的哥倫比亞著名演員兼藝術家方妮‧米凱伊 (Fanny Mikey) 與另一位藝術家共同創立了這個藝術節，主要目的是促進拉丁美洲國家在藝術領域的一體化，爭取在國際文化舞臺占有一席之地，自創立以來，米凱伊就從未缺席伊比利美洲藝術節，直到2008年去世為止。慶祝活動為時兩個星期，波哥大全市的劇院、公園、廣場、體育場和鬥牛場等場所都將成為演出舞臺，每次演出的場次都超過上千場，有來自五大洲的藝術團體和國內藝文團體，演出馬戲、話劇、舞臺劇和音樂劇等，將波哥大的街頭變成繽紛多彩的國際舞臺。

麥德林鮮花節是哥倫比亞非常重要的節日之一，也是第二大城麥德林市最重要的活動。每年8月，政府依慣例舉辦這項活動。鮮花節的由來可追溯到三個世紀以前，即西班牙殖民時期，當時西班牙人為了將搜括而來的珠寶據為己有，要求印地安人揹著籃筐運送黃金和鑽石。獨立之後，哥倫比亞人沒有丟棄這項傳統，反將之發揚光大，只是將揹黃金、鑽石改成揹鮮花，既保留傳統又符合現代需求，頗具創

圖 22：麥德林鮮花節的揹花人遊行活動

意及巧思。鮮花大遊行迄今已有五十多年歷史，從過去被欺壓的經驗中擷取精華，再稍加改頭換面，演變成今天的「揹花遊行」。按照傳統習俗，人們將鮮花扎成一個九十多公斤重的大花盤，揹在身上，列隊表演，每個花盤由三十多種鮮花組成，參加盛會的民眾，不只是花農，連政府部門、軍隊人士，都共襄盛舉，可見得這個遊行在他們心目中是多麼的重要。

　　吸引人的還有卡利博覽會 (Feria de Cali)、波哥大夏季慶典、近百個選美節，哥倫比亞美女如雲的名聲亦為國際眾所周知。全國有上千個市，這些市每年分別舉行農產品和手工藝品博覽會，甚至連生產的農產品，如洋蔥、玉米、椰子、棉花、小麥、咖啡、可可等都有節日。

Colombia

第 II 篇
歷史發展

第六章
征服與殖民

第一節　征服路線

一、沿海據點

　　自西元 1492 年義大利籍航海家哥倫布發現美洲後，開啟了西班牙
王室在新大陸的開墾、貿易及殖民活動，西班牙遠航目的是為了與東
方貿易，重商主義的觀念下，殖民地是母國商品的市場，殖民地人民
除了要購買母國商品以外，還必須提供母國工業生產需要的廉價原料。
起初新大陸缺少貿易商品，於是西班牙人致力於尋找黃金，使得開採
礦產成了美洲殖民地主要的經濟活動。哥倫比亞擁有豐富的金礦，尤
其在尋找「黃金國」慾望的驅使下，西班牙王室不斷派出探險隊抵達
哥倫比亞北部的加勒比海及太平洋沿岸一圓黃金夢，也使得歐洲征服
時期的暴力行為達到高潮。1492 年到 1510 年間，陸續建立許多城市，
例如：聖多明哥 (Santo Domingo) 和聖塞巴斯提安烏拉霸 (San Sebastián
de Urabá)。

　　哥倫布於 1498 年第三次航行到美洲探險時，曾到過哥倫比亞海

岸，卻沒有多加重視。1499 年，歐赫達 (Alonso de Ojeda) 率領探險隊沿委內瑞拉海岸航行，首先到達哥倫比亞的瓜希拉半島，接著陸續在 1500 至 1501 年間，巴斯帝達斯和拉戈薩 (Juan de la Cosa) 到達哥倫比亞的加勒比海沿岸。

1502 至 1504 年，哥倫布第四次航行，到達哥倫比亞和宏都拉斯等地。為了尋找寶藏和奴隸，拉戈薩於 1505 年又重返哥倫比亞，並且突襲錫努河河岸的村莊。1509 年，歐赫達和拉戈薩到達今日的卡塔赫納城，卻被當地的印地安勇士給擊退，拉戈薩被殺，只剩歐赫達率領遠征軍繼續往內陸行進。

1510 年，遠征隊中的恩西索 (Martín Fernández de Enciso) 和巴爾波阿 (Vasco Núñez de Balboa) 在哥倫比亞加勒比海沿岸的喬科省建立第二個歐洲城市——聖瑪利亞安蒂瓜達蓮 (Santa María la Antigua de Darién)，當時茂鬱蔥蔥的雨林居住了數百個穆伊斯卡部落和加勒比人 (Caribbean)，完全引不起西班牙王室屯墾的興趣。

1525 年，巴斯帝達斯在北部海岸建立聖馬爾塔城，成為西班牙在南美地區的第一個永久據點，為征服南美作準備。聖馬爾塔位於一個很深的小港灣裡，周圍生長了許多茂密的熱帶植物，巴斯帝達斯親手勾勒該市的設計草圖，並且著手一切建設，居住在附近的加伊拉部族 (Gaira)，一開始雖試圖與征服者建立關係，但因無法了解西班牙人的語言及習俗，終究無法溝通，直到一部分的西班牙人侵略那些原住民，才引發當地部落的反擊。雙方的仇視，使得巴斯帝達斯消滅了聖馬爾塔鄰近的印地安文化和美洲地區最發達的印地安文化之一——泰羅納族文化，逼得他們藏身於聖馬爾塔雪山，這些碩果僅存的原住民就成為今日的科吉族、印卡族 (Ijka) 和聖卡族 (Sanká)。

巴斯帝達斯的後繼者埃雷迪亞 (Pedro de Heredia) 繼續在哥倫比亞加勒比海沿岸開墾，從聖馬爾塔地區一直往南部發展。1533 年 1 月 10 日，埃雷迪亞到達北部卡塔赫納港灣的蒙戈島 (Isla de Manga) 沿岸，亦即開始向內陸發展，當時由一名略懂西班牙文的卡拉馬利族 (Calamarí)

婦女卡塔莉娜 (Catalina) 擔任翻譯，隨後兩人陷入愛河。由於有卡塔莉娜作為雙方的翻譯，卡拉馬利族遂利用此機會，設下陷阱攻擊入侵者，他們將埃雷迪亞的軍隊誘騙到圖爾巴可 (Turbaco) 交戰，埃雷迪亞安然脫險，而卡拉馬利族幾被消滅殆盡，該城後來改名為卡塔赫納印地安 (Cartagena de Indias)，即現今的卡塔赫納。由於特殊的地理位置，卡塔赫納具備多重重要性，是西班牙商船將貨物轉運至南美的主要海港、新格拉納達的貨物進出口集散地、西班牙帝國海軍和商船的基地之一、從南美洲掠奪的貨物出口至歐洲的轉運點，甚至成為販賣黑奴的最大中心之一，且與墨西哥市、利馬並列為西班牙殖民時期三個令人聞之喪膽的宗教裁判所所在地。

二、勇闖黃金城

西班牙征服者逐漸往內陸探險之後，在考卡地區發現了許多黃金，尤其是奇布查族卓越的黃金鑄造技術在南美洲尚無人可及，那些印地安人基於宗教和裝飾目的所打造各種穿戴用的珍貴金屬首飾，點燃了第一批探險者尋找黃金的希望，更有藉口要征服美洲大陸。為了尋找黃金國，殖民者從北、中、南兵分三路，紛紛進入神秘的哥倫比亞內陸，而印地安人很快地了解到要擺脫西班牙入侵者最好的辦法就是告訴他們黃金鄉的地點，在尋找黃金的過程中，各種印地安文明遭到無情的摧毀。

1536 年 4 月，年輕的西班牙律師戈薩達為了尋找傳說中的黃金國，率領第一支遠征軍，開始探險到人煙罕至的哥倫比亞內陸，這支遠征軍總共有八百人，包括五百五十名徒步士兵、五十名騎兵及另外二百名搭乘小船走水路的士兵。遠征隊伍浩浩

圖 23：戈薩達畫像　1536 年組成第一支深入哥倫比亞內陸的遠征軍。

圖 24：西班牙三支穿越哥倫比亞內陸的遠征軍路線圖

蕩蕩從北部的聖馬爾塔城出發，花了九個月時間，千辛萬苦渡過布滿
鱷魚、美洲豹和爬蟲類的沼澤區，由於路途遙遠，環境險惡，數百名
士兵死於飢餓或疾病。1537 年 3 月，剩餘的二百多名士兵，終於抵達
波哥大草原，同時發現穆伊斯卡聯盟。西班牙軍隊的到來，引起他們
的恐慌及騷動，雙方因土地問題引發戰爭，由於當時該聯盟正處於政

治分裂的狀態中，一個是位在北方，以撒給 (Zaque) 為首的葷薩族，另一個則位在南方的波哥大草原，以斯巴為首的巴卡大族 (Bacatá)，兩個部族彼此爭奪不休，戈薩達完全不費吹灰之力奪下兩大族，得到大批黃金和綠寶石。

1538 年，戈薩達為紀念其故鄉聖塔菲，遂將穆伊斯卡人的主要基地巴卡大改名為聖塔菲巴卡大 (Santa Fé de Bacatá)❶，自此歐洲人開始在此定居，主要內陸殖民城市和通往這些城市的重要交通中心都已興建完成，西班牙王室基本上完成了對哥倫比亞的征服，將該區稱為「新格拉納達」，以聖塔菲巴卡大作為新格拉納達總督的首都。

❶簡稱波哥大。

第二支遠征軍是由貝拉爾卡薩所率領，他在 1533 年協助皮薩羅征服印加帝國之後，向北前進至厄瓜多沿岸征服基多地區，沿途聽到當地人談論納里紐族和突馬科族的黃金珠寶傳說，決定繼續向北征服納里紐，1536 年建立了波帕揚市和卡利城，這兩個城市後來成為哥倫比亞南部的大城。後來繼續穿越中科迪耶拉山及馬格達雷納河，終於在 1537 年到達巴卡大族的聚集地巴卡大 (Bacatá)。1539 年至 1549 年間，貝拉爾卡薩陸續建立了一些小城鎮如：布埃納文圖拉、卡塔戈 (Cartago)、聖塔菲安蒂奧基亞 (Santafé de Antioquia) 和卡拉曼塔 (Caramanta)。

1537 年，第三支由德國人費德曼 (Nikolaus Federmann) 率領的遠征軍，從東岸的委內瑞拉登陸，越過亞諾斯平原，抵達安地斯山區，就在戈薩達到達巴卡大之後不久，費德曼的探險隊也到達此地；最後，這三支隊伍恰好於穆伊斯卡王國的領地巴卡大——即現今

的波哥大草原——會合。

　　由於三支遠征軍先後抵達此地，均強調對該區擁有統治權，終於在 1539 年三方達成共識，決定聽從西班牙王室的安排；然而，西班牙王室並不願將新格拉納達分給這三名立下大功的征服者，反將統治權分給聖馬爾塔 (Santa Marta) 新任統治者的兒子，至於功勞最大的戈薩達得到的獎勵最少，僅得到東部平原的大筆土地，貝拉爾卡薩則統治著波帕揚。

　　遠征軍的到來，徹底改變當地部族的命運，有些只憑著原始武器抵抗，有些誤以為遠征軍是傳說中的天神而張開雙臂表示歡迎，盡皆落得滅亡的下場，部落酋長被殺，族人被迫成為奴隸在礦區或農場工作。

第二節　殖民時期

一、統治制度

1. 秘魯總督轄區

　　殖民之初，王室中少有人願意冒著既漫長又危險的海上航行，到達蠻荒大陸任命，再加上內陸交通不便，時有印地安部族抗議的攻擊行動，對生命財產造成不小威脅。隨著人口逐漸成長，社會穩定發展，農耕和採礦已確定為殖民地的主要經濟活動，開採黃金也成為吸引西班牙人到新格拉納達，甚至到拉丁美洲殖民的主要原因。為了有效管理殖民地，1524 年，西班牙國王卡洛斯一世 (Carlos I) 在馬德里成立「西印度事務委員會」(Consejo de Indias)，掌管拉丁美洲殖民地的行政、立法、司法、軍事、財政和教會等所有事務，有權任命殖民地高級行政官員和神職人員。1535 年，開始於殖民地設立總督轄區，代表王室直接管理殖民地，總督人選都是王室最親信的貴族，總督握有該轄區的行政權、立法權和軍隊指揮權。「秘魯總督轄區」(Virreinato del Perú) 成

立於 1542 年，首府在利馬，管轄巴拿馬和除了巴西、委內瑞拉之外的南美洲大陸，因此新格拉納達地區在發展初期是受秘魯總督 (Virrey del Perú) 所管轄。

2. 聖塔菲波哥大檢審庭 (La Real Audiencia de Santa Fé de Bogotá)

　　由於總督轄區過於遼闊，也為了更有效管理殖民地，並對總督產生制衡作用，西班牙王室在總督轄區內劃分了數個檢審庭 (audiencia)，對總督及所有殖民地官員進行監督，它也是轄區內的最高法院。雖然名義上是法庭，事實上除了負責司法事務之外，也掌管行政事務，相當於總督轄區內的單獨行政機構，權力僅次於總督，因此檢審庭轄區主要設在一些核心城市。

　　1549 年，在聖塔菲波哥大設立聖塔菲波哥大檢審庭，作為新格拉納達地區的行政、立法和司法機構，仍受秘魯總督的管轄。1564 年，任命雷瓦 (Andrés Díaz Venero de Leyva) 為新格拉納達王國 (El Nuevo Reino de Granada) 的第一任審查長。

　　聖塔菲波哥大檢審庭和秘魯總督轄區之間往來的困難不僅妨礙信息交流，也牽制了集中管理，同時，聖塔菲波哥大檢審庭的職權隨著時間演變而愈發擴大，歷年來審查長都是由西班牙王室直接任命，控制著聖塔菲波哥大檢審庭。為加強對新格拉納達的統治，審查長可以擁有軍隊、公民權和自治權。1605 年，西班牙國王任命曾經征服中科迪耶拉山印地安部族的波哈 (Juan de Borja) 為新格拉納達地區的審查長，統治聖塔菲波哥大檢審庭直到 1628 年；在其統治之下，允許法院鑄造銀幣，殖民地人民可以買賣貨物，不斷擴張領地，並且對反對王室統治的印地安部落實施軍事戰爭。

3. 新格拉納達總督轄區

　　隨著西班牙王室在新大陸勢力的擴張，1717 年，菲利浦五世 (Felipe V) 設立了「新格拉納達總督轄區」(Virreinato de la Nueva Granada)，管轄包括現今的哥倫比亞、巴拿馬、厄瓜多和委內瑞拉，首都就設在聖塔菲波哥大，自此該城市便成為南美洲北部政治、經濟和

文化的中心。總督轄區內又分設若干個省、市和鎮。省長由總督任命，在其管轄區內擁有行政、司法和軍事職權，並負責農、牧、礦業生產和貿易事宜。市政府為殖民地統治制度的最底層地方行政機關，市長由總督任命，在西班牙人聚集的市鎮設有市議會，由市民選舉的代表所組成，然而市議員並非全經由民主程序選出，無論半島人或土生白人大多透過某種籠絡或收買的手法換得此職務，有的則由總督指派，有代表宗主國的意義，市議會得以行使有關審判、市場監督、發布法令、開辦學校和贊助宗教節日活動等工作。至於在印地安人聚集的市鎮則不設市議會，由印地安酋長協助市長向印地安人徵稅。

　　新格拉納達總督轄區的建立開創了一個新紀元，1723 年後因為西班牙王室認為維持該總督轄區不符經濟利益而曾經中斷統治。1739 年，為了提供加勒比海地區的食物供給而恢復總督統治，並成為長期固定的治理，一直延續到十九世紀初。轄區建立之後的幾十年中，引進一些政治和經濟措施，改善行政制度和交通連繫，使殖民地的貿易有更大發展空間和活動自由，企圖以更強大的中央集權來鞏固西班牙殖民帝國的勢力。人口增加，貿易發達，為殖民地人民帶來繁榮的景象，使得波哥大成為繼墨西哥市和利馬之後的西班牙第三個重要管理中心。

二、管理方式

1. 壟斷貿易

　　當西班牙王室尚未在殖民地完全建立起管轄制度時，各地征服者均獨占當地的統治權，且不願承認天主教會的權力，當時經濟發展最大的特色是缺乏活力及對生產、稅收和出口的壟斷控制。為了達到獨占目的，西班牙王室決定對殖民地實施統一的政策，1503 年於西班牙塞維亞設立「招商局」(Casa de Contratación)，以控制殖民地的經濟大權，規定殖民地只能與西班牙王室進行貿易，不得與其他國家往來，甚至各殖民地之間的貿易往來也受到嚴格控制，任何想要穿越大西洋

到美洲大陸的船隻都必須得到許可，西班牙商船每年固定在 4、5 月或 8、9 月於塞維亞港出發❷，滿載貨物分別抵達墨西哥的維拉克魯茲 (Vera Cruz) 和巴拿馬的美麗港 (Puerto Bello)，哥倫比亞的卡塔赫納港，則為西班牙商船運往南美洲的中繼站。商船再將從拉丁美洲各地掠奪到的黃金、礦產等值錢物品運回祖國。

此外，亦授權招商局多項權力：可與在殖民地墾殖的西班牙人訂立合約，可與梵蒂岡協調派遣主教、牧師及修女等神職人員至殖民地的事宜。這些有計畫的管理措施，使得行政管理機關逐步轉變成非軍事化，建立起殖民地官僚制度，意味著西班牙的武力征服時代已經結束。

西班牙王室在殖民地的第二階段任務是藉由官僚體制、奴隸制度、血腥暴力鎮壓、廢除印地安人的生活方式、迫使印地安人信仰天主教、嚴格控制賦稅和經濟發展等方式，使美洲大陸變成另一個西語世界。後來由於西班牙工業和手工業漸趨衰退，英法兩國要求擴大對拉丁美洲的貿易，歐洲人在美洲走私活動日益猖獗，以及殖民地間貿易關係加強等因素，使得西班牙王室於 1778 年頒布了較開放的貿易法，正式停止獨占的貿易方式，改採「自由貿易」，開放港口進行世界貿易。

2.生產監督

為了在殖民地取得最大經濟利益，統治者對印地安人分別實施不同的經濟制度，殖民地的大莊園、大牧場，或是礦區，因需要大量的勞動力，遂延伸出一些剝削制度以利控制印地安人和非洲黑人，例如在大莊園和大牧場實行「委託監護制」(encomienda)——此為西班牙在拉丁美洲殖民地最早推行，亦是存在時間最長的一種制

❷1717 年改為加迪茲 (Cádiz)。

度。為了獎賞征服美洲有功的殖民者，西班牙國王便將某地區一定數量的印地安人「委託」給監護人（地主）監護，監護人負責保護被監護人，有義務使之皈依天主教，有向他們徵收賦稅的權利，同時可強迫他們從事採礦、農耕、修築道路和運送貨物等工作，監護人對所監管的土地沒有所有權，土地只屬於西班牙王室，是一種以監護名義進行實質剝削的制度。至於印地安人的勞動時間有一定限制，勞動也得到一定報酬，印地安公社的土地和內部事務由部族酋長管理，被監護的印地安人必須永久留在監護地內，不能隨意離開。

「分派勞役制」(repartimiento) 是允許印地安人擁有一小塊貧瘠土地，得到土地租約的印地安人必須從事耕種等勞役工作，採礦、市鎮建設、興建水利、修築鐵道及手工紡織均實施此制度。因為西班牙王室在哥倫比亞發現豐富礦產，為了得到穩定的開採礦工，殖民當局便定期徵用印地安人去採礦，當地人稱之為「米達制」(mita)，與實施於印加帝國的米達制相同，規定十八至五十歲的印地安人均有義務應徵到礦山、莊園和紡織廠工作，輪流徵調，每期勞動半年或一年。由於礦坑內空氣混濁，夾雜毒氣，因而造成大批印地安人死亡。

「保留地制度」(resguardos) 是將剩餘的少數印地安人加以圈禁，迫使到莊園或礦區進行一定時期的勞動，徵收沉重的賦稅，如產品銷售稅、什一稅等。對於從非洲引進的黑奴施以「奴隸制」，普遍盛行於西部喬科省和安蒂奧基亞省的砂礦開採區、考卡河谷、馬格達雷納河谷下游及沿海低地的農業區。

1720 年，西班牙國王頒布法令廢除委託監護制，過去在實行委託監護制的過程中，一些大監護主逐漸將土地占為己有，或是侵吞原來屬於印地安人的土地，在廢止委託監護制之後，監護人在法律上取得了對土地和奴隸的所有權，搖身一變成為大莊園主或大牧場主，「大莊園制度」(latifundio) 因而形成❸。莊園的特色在於以最低的資本，實施密集耕種或畜牧，園中勞工有為了籌措稅款而打零工的印地安人、失去土地的印地安人和積欠莊園債務無法償還的農奴等，大莊園對內是

圖25：被販賣至美洲的黑人 西班牙王室從非洲引進
的黑奴，以不人道方式被運送至美洲大陸。

❸地主擁有廣大
土地，土地面積通
常都超過二十平
方公里，多位於沿
岸、東部亞諾斯平
原和安地斯高原，
盛行於十八世紀。

一個自給自足的小型社會，經營農、牧業，對外因應市
場需求而生產不同商品。各地也有零星的「小莊園制度」
(minifudio)，維持著日漸增加的梅斯蒂索人、貧窮白人
和居無定所印地安人的生活。

3.教會支援

　　隨著歐洲征服者人口的增加，方濟會和耶穌會相繼
派遣傳教士到美洲新大陸傳道，設立教會和修道院，藉
由開辦學校來維護社會秩序，將歐洲、思想、文化及西
班牙文傳授給印地安人，教會在拉美殖民發展史中占了
極重要的角色，教會有一整套自上而下的組織機構，與
行政機構並行不悖，民眾從出生受洗、受教育、結婚乃
至死亡送葬，各方面都受到教會嚴格約束，西班牙王室
主導了教會許多活動，教會因而成為王室宣導的有效工
具。一般來說，西班牙王室為了便於管理礦區和大莊園
的大批印地安勞工，遂強迫他們歸依天主教，且派遣大

圖 26：西班牙於十六世紀
在哥倫比亞建造之教堂
西班牙傳教士強迫印地安
人歸化為天主教徒。

批傳教士教化印地安人，在教化的過程中，因信仰差異，也引發印地
安人的抵制；另一方面，對於監護的印地安人，監護主有責任和義務
使其成為天主教徒，就在殖民者雙重的強迫方式下，大約在 1650 年左
右，印地安人的原始信仰幾乎消失，已轉而接受虔誠信仰基督的觀念。

　　天主教教會藉由對偏遠地區的傳道，逐漸融入印地安人日常生活，
並在拉丁美洲社會中扮演重要角色，教會亦提供各種社會服務。王室
派遣數千名教士來此傳教，勢力十分龐大，為了維持正常運作，教會
在城市或鄉村可擁有資產，除此之外，許多土地雖然不直接屬於教會，

圖 27：天主教傳教士俯瞰著卡塔赫納城　1500 年代起，天
主教在哥倫比亞社會中占有舉足輕重的地位。

但卻被抵押給教會，教會成為主要的提供貸款資金者。從傳道任務到擁有大筆資產，教會在新格拉納達建立起一個穩固、有制度的機構，其地位遠超於其他殖民地區，如古巴或委內瑞拉。可以確定的是天主教會的勢力在沿岸地區並沒有內陸的安地斯山區來得大，原因在於從非洲來的黑奴接受天主教信仰的程度並不如印地安人來得大。

第三節　內部糾紛

一、各地發展不一

　　新格拉納達是其中最缺乏經濟活力的殖民地，因地形複雜、交通往來困難，並沒有受到西班牙殖民者的重視，各地發展也因經濟活動，或是交通便利性的不同而有著差別待遇。舉例而言，西班牙王室對於殖民地礦產的控制宛若視為王室的金庫，凡是生產礦產的地區，就會受到征服者的青睞；太平洋沿岸因出產金礦，故而引進非洲黑奴在礦區從事開墾工作，也成為較富裕的地區，上層貴族階級亦居住於此；西北方的安蒂奧基亞省因受到險峻的中科迪耶拉山脈阻絕了與波哥大之間的交通，當時又尚未開鑿巴拿馬運河可將貨物運出，但因藏有金礦，也使得殖民政府願意花錢開拓交通。

　　農業生產尚處於初步萌芽的階段，僅止於提供殖民地當地的供給，只有奇特且運送至歐洲可賺錢的產品才受到重視及推廣，如：甘蔗、棉花、可可、菸草、咖啡等，此重視經濟利益的政策導致了單一產品制。各地區零星的農業活動，因經濟效益不大，吸引不了殖民者興趣，海外市場對內陸產品的需求不大，內陸產品賺的錢又不足以支付將產品運送至沿岸的運費，因此無法吸引殖民者開墾經營的興趣。加勒比海沿岸在放牧和農業方面有其特殊的重要性，可提供糖、獸皮、靛青染料和其他熱帶地區的日用品，但這些東西仍然無法與金礦相比，因此加勒比海沿岸地區的人口始終稀稀落落。

東部亞諾斯平原兩季氾濫、旱季乾涸的氣候，其重要性遠不如其他地區，許多探險隊曾到此，但最終都未能發現任何財富，未引起西班牙王室的重視，只有耶穌會教士到此向印地安人宣揚教義，加以開化，使其信仰天主教。在印地安人的協助之下，耶穌會教士開闢了飼養牲畜、生產糖及其他用品的大農場。

二、經濟利益衝突

1637 年，殖民地的總督職務落入王室權貴手中，十七世紀末，總督轄區的管理已變得式微，許多殖民者生活陷入困境，且內部管理亦四分五裂，波哥大為政治權力中心，西部地區握有經濟大權，北部卡塔赫納則是與外界聯絡的貿易中心，形成三方鼎立的局面。十八世紀初，新格拉納達的政局已變得不穩定，偏遠地區的統治者漠視波哥大政府命令，法軍侵犯沿岸港口，總督無力保護沿岸港口，貿易衰退，海盜掠奪運送黃金的商船，社會不安定的因素紛至沓來。十八世紀中葉，西班牙王室對殖民地實施嚴格的經濟管制措施，例如：禁止帝國之外的各港口間進行任何直接貿易，僅在戰爭等非常時期方可破例；事實上，在新格拉納達感受到的貿易困境比其隔壁的委內瑞拉來得小，因為委內瑞拉出口大量的未加工原料和食品，其運費相較於產品本身的價值而言相對的高，遂向母國爭取殖民地港口間可以合法運送。由於新格拉納達的商業活動較為保守，唯一重要的出口貨物是黃金，並未體會到西班牙為了避免殖民地與宗主國的工業發展產生利益衝突而限制當地某些工業發展的政策。

後來新格拉納達出現「可可繁榮」現象，貿易範圍擴展至世界各地，人民容易受到委內瑞拉地區的影響，因委內瑞拉處於一個非常容易吸收世界新知識和新思想的地理位置，新格拉納達地區民眾受其影響，漸漸地在殖民末期的反抗思潮逐漸升高，於十八世紀末期成為主要反抗的地區之一。此外，殖民地沉重的賦稅制度，易導致各地統治者濫用，原本所有被任命的官員都應嚴格依法執行國王的命令，但演變至後來，

圖 28：農奴工作情形

為了獲得經濟利益，常伴隨著貪腐、無能和各種惡習，此點往往為人所詬病。

　　新格拉納達的起事是拉丁美洲最著名的兩樁反抗事件之一❹，導火線是西班牙王室介入英國與北美殖民地的戰爭，提高徵收殖民地稅率。由於當時新格拉納達的收入主要是用來維持卡塔赫納海軍基地的運作，故國營菸酒事業均藉由提高價錢來增加國庫收入；除了菸酒專賣稅之外，政府亦同時下令增加殖民地的另外兩個稅收——關稅和貨物稅，又為了確保可以完全課徵到這些稅款而實施了引發民怨的檢查策略。1781 年，西班牙王室宣布實施新稅率政策，殖民地居民生活陷入困境，當政府將增稅的公告張貼於牆上時，索科羅地區的民眾怒燒政府菸草倉庫，將酒潑灑至大街，以表達不滿情緒，宛如北美「波士頓茶葉事件」(Boston Tea Party) 的翻版❺。

❹另一起著名的事件發生於秘魯圖帕・阿瑪魯 (Túpac Amaru) 的印地安原住民流血衝突事件。

❺1773 年，英國國會頒布《茶稅法》，以幫助本國商人向北美傾銷茶葉，並由英屬東印度公司壟斷茶葉貿易。同年 12 月 16 日，一批茶葉被運到波士頓港口，當地人便偷偷溜到三艘船上，將船上貨物搗毀，並將 342 箱茶葉倒入港口內，整個過程相當平和及安靜。不過此舉被認為是對殖民政府的挑釁，英國政府派兵鎮壓，終於導致 1775 年 4 月美國獨立戰爭的第一聲槍響。

三、人口結構改變

殖民時期主要人口是由「半島人」(peninsular)、「土生白人」(criollo)、梅斯蒂索人、穆拉多人、印地安人及非洲黑奴所組成，半島人是國王派到殖民地的官員，控制著殖民地政權，土生白人是殖民地的大地主、貴族和商人，雖然掌握經濟大權，可以要求實施自由貿易制度、取消捐稅、廢除貿易壟斷，但政治上毫無實權。一些西班牙征服者按照天主教儀式與新受洗的印地安婦女結婚，王室也鼓勵監護人與印地安貴族女子結合，以此作為加強控制原住民階級的手段，這種婚姻制度下的孩子稱為梅斯蒂索人，也可視為西班牙人，在他們父親家中長大，往往可以繼承可觀的財產和社會地位。

大體上到十八世紀初期，新格拉納達對王室的忠誠仍是無庸置疑，僅極少數人例外。然而，由於經濟利益壓力、半島人和土生白人間一貫的社會衝突，致使中、上階級的土生白人一度對王室的忠誠度漸趨於冷淡。如同拉丁美洲其他殖民地一樣，新格拉納達的經濟和人口成長逐漸破壞了與宗主國的關係，生長在殖民地的人民開始思考本身的價值及重要性，越發意識到不需要宗主國的約束。製造業在新興的殖民城鎮中如雨後春筍般出現，操控這些工業的土生白人，同樣也是政治領袖和大地主等主流上層階級，雖然忠於西班牙王室，但經濟或文化方面的關係又沒有與殖民母國來得密切，於是提出革新殖民地政策、實行全球自由貿易、廢除奴隸制和限制政府權力等要求。西班牙殖民者和大地主的嚴重剝削、流行性疾病漫延導致印地安人大量死亡或逃亡，勞力短缺嚴重打擊莊園發展，無法收成小麥和甘蔗，因而造成委託監護制的沒落，梅斯蒂索人開始開闢小莊園，想盡辦法工作維生。在許多農民還是用短矛掘地耕種的地區，印地安人和黑人陷於極端貧困和落後的狀態，為奪回土地和反對殖民當局的壓迫，曾多次進行反抗，梅斯蒂索人、印地安人反對賦稅和什一稅，黑人則為了反對奴隸制而奮鬥不懈。當日積月累的不滿情緒逐漸升高，他們便不願再繳稅

給西班牙王室，統治者遂斷絕他們與其他國家的貿易行為，造成社會及經濟發展停滯。總而言之，十八世紀末，半島人和土生白人相較於其祖先對母國的感情已較式微，梅斯蒂索人則更認為應該脫離西班牙的統治。

第七章
獨立建國

第一節　獨立戰爭

一、波哥大起義

　　自征服和殖民時期，哥倫比亞就曾發生無數次的反抗運動，但多數都因太脆弱以致無法改變整個局勢，當時支持獨立的人少之又少，希望實施自治的人占大多數，直到受到 1776 年美國獨立戰爭和 1789 年法國大革命的衝擊才開始重視自身的獨立運動，西班牙王室卻未察覺拉美內陸即將掀起的風暴。

　　十九世紀初期歐洲因捲入戰爭而殘破不堪，1808 年，拿破崙新軍隊進逼伊比利半島，廢黜西班牙國王費南度七世(Fernando VII，1784～1833 年)，俘虜整個王室，拿破崙並試圖讓自己的兄弟約瑟夫一世(Joseph I) 擔任西班牙國王，拿破崙以此方式成功在歐洲各國建立政權，唯獨在西班牙卻遭到「中央執政委員會」(Central Junta) 的強烈反對及抗議。與此同時，遠在拉丁美洲的殖民地人民也紛紛起身抗爭，要求建立一個仍隸屬於西班牙王室的自治政府。例如：1809 年 8 月 10

圖 29：西班牙國王費南度七世
費南度七世曾兩次在位，分別是
1808 年 3 月至 1808 年 5 月，1813
年至 1833 年。1808 年，因拿破崙
進兵西班牙而遭罷黜，拿破崙帝
國垮臺後，費南度七世再次即位。
為維持對拉美殖民地的控制，在
各地實施高壓統治。

日，一群由土生白人組成的團體在蒙突法 (Juan Pío Montúfar y Larrea)
的領導下宣布於厄瓜多首府基多成立自治政府 (Junta de Gobierno)。
1810 年 4 月 19 日，「委內瑞拉第一共和國」(Primera República de
Venezuela) 成立。

　　新格拉納達總督轄區受到委內瑞拉獨立運動的影響，最先從事革
命運動的一些領導人物，如托雷斯和埃雷拉 (Ignacio de Herrera) 等，對
爭取民族獨立的目標還不明確，並沒有提出脫離西班牙統治的主張，
僅要求成立自治政府。1810 年 4 月，北部的巴耶杜巴市 (Valledupar) 發
生反抗事件；同年 5 月，卡塔赫納市民隨之發難，驅逐市長，由市議
會接管政權，潘普隆納和索科羅兩市市民也奪取了市政管理權，不過
其他城市的抗爭卻接連失敗，而且遭到血腥鎮壓。

　　1810 年 7 月 20 日，波哥大宣布獨立，新格拉納達總督阿瑪
(Antonio José Amar y Borbón) 被驅逐，後來這一天就訂為「哥倫比亞獨
立紀念日」，不久叛亂擴展到卡塔赫納、安蒂奧基亞和考卡河流域，每

圖 30: 納里紐畫像

個地區分別使用各自的旗幟宣布獨立,這些旗幟有上黃下紅的橫條紋、藍黃紅三色條紋、鑲銀邊的藍、白條紋,還有其他各種樣式,代表不同意義。

當時的啟蒙思想家納里紐(1765～1823 年)影響民眾最甚,他出生於波哥大貴族世家,是一名成功的商人,也是一個業餘的科學家和知識分子,擁有二千本以上的藏書,是殖民時代擁有私人藏書最豐富的知識分子之一,曾於 1794 年翻譯英國作家湯瑪斯‧潘恩 (Thomas Paine) 的著作《人權宣言》(*Declaración de los Derechos del Hombre y del Ciudadano*),該書闡述法國大革命理念,並鼓勵英國人推翻君主政體,實施共和體制。當波哥大總督得悉他散播反動思想後,便予以逮捕,之後又進出監獄數次,1808 年自西班牙監獄出獄後,投入獨立戰爭中,並領導新格拉納達的獨立戰爭,終其一生為解放哥倫比亞而奔走,因

而被視為影響哥倫比亞獨立的先驅者。

二、各地自治

波哥大起義的勝利果實立即分散至全國各地，1810
年 8 月 15 日，簽署哥倫比亞第一部憲法——《索科羅
國家自由獨立憲法》(*Constitución del Estado libre e
independiente de Socorro*)，以自由化思想為中心，主張
聯邦政府制度，然而新格拉納達地區以納里紐為首的中
央集權派，為建立一個統一的國家，便將波哥大四周地
區命名為「昆迪納馬卡」❶。以托雷斯為首的聯邦派則
主張各省擁有更多的自治權，遂於 1810 年 12 月宣布成
立「新格拉納達聯合省」(Provincias Unidades de la
Nueva Granada，1811～1816 年)，安蒂奧基亞、卡塔赫
納、潘普隆納、卡薩納雷、波帕揚和頓哈 (Tunja) 等六
個地區同意加入聯合省，並派遣代表召開第一屆大會。
1811 年 3 月，於波哥大成立第一屆全國制憲大會，中央
集權派和聯邦主義派彼此爭吵不休；4 月，頒布《昆迪
納馬卡憲法》(*Constitución de Cundinamarca*)，洛桑諾
(Jorge Tadeo Lozano) 當選昆迪納馬卡州第一任總統，其
政治理念與新格拉納達聯合省不謀而合，均主張成立聯
邦民主政府，將聯合省改成較為鬆散的聯邦制，由一個
民主政府領導，而主張中央集權的納里紐堅決反對聯邦
制，遂於 9 月發動政變，推翻洛桑諾，自任昆迪納馬卡
州總統，認為新格拉納達各省應以集權制為基礎建立國
家；11 月，托雷斯當選新格拉納達聯合省總統，簽署了
關於建立新格拉納達聯合省的聯邦法令。1812 年 4 月，
昆迪納馬卡在納里紐的領導下拒絕加入聯邦政府，以納
里紐為代表的中央集權派與占多數且支持聯邦制度的

❶此區域也是前
哥倫布時期穆伊
斯卡聯盟的所在
地，克丘亞語的意
思是「安地斯山神
鷹之巢穴」(Kuntur
marqa)，久而久
之，西班牙人就依
其地名的發音而
稱之為昆迪納馬
卡，目前為哥倫比
亞中部的一個省，
首府為波哥大。

聯合省決裂，雙方發生內戰，最初，納里紐失利，並辭去總統職務，9 月，昆迪納馬卡議會又恢復其職務，並授予實行獨裁之權力，由納里紐領軍抵抗聯合省軍隊的進攻，維持了波哥大的獨立地位。

　　拉丁美洲有太多天然屏障阻礙了交通及溝通，以致無法統一，各殖民地間的政治分裂無可避免，即使新格拉納達地區也因為安地斯山脈的不規則分布，造成交通往來困難，更遑論遙遠的沿岸地區。地形的阻隔形成各地區社會、經濟和文化差異，不易組成一個統一的政權；事實上，不只各省證明了無法團結在一起，其中更開始陷入分裂的局面，以聖馬爾塔和卡塔赫納為例，兩個城市一直處於互相競爭的地位，1810 年，聖馬爾塔曾經短暫地建立一個自治政府，但很快地又成為反革命行動且支持西班牙王室下的犧牲品，接下來幾年，雙方已轉變為擁戴王室與支持革命的軍事對立狀態。

三、獨立過程

　　玻利瓦十六歲時前往西班牙求學，歷經拿破崙的崛起與稱帝，他認為拿破崙的稱帝違反法國大革命之理想。1807 年返回委內瑞拉，開始其政治生涯，適逢拉美各地展開如火如荼的獨立運動。獨立之初，革命政府明確地廢止所有過去訂立對待非白人的差別待遇，但卻無法得到穆拉多人的信任，因此，一股緊張的暗流介於愛國領導者和委內瑞拉大部分的非白人群眾之間，無論在亞諾斯平原或是在其他地方，保皇派軍隊便利用此緊張的局勢組成非正規軍力，與西班牙軍隊聯合於 1812 年推翻委內瑞拉第一共和國。玻利瓦當時負責鎮守卡貝約港 (Puerto Cabello)，該港口失陷後，便逃亡至卡塔赫納，大力推動新格拉納達的獨立運動。

　　之後，玻利瓦率領卡塔赫納議會的軍隊，在馬格達雷納河谷一帶擊敗西班牙軍隊。1813 年初，在古古達取得勝利後，玻利瓦率領新格拉納達聯合省軍隊，翻越安地斯山脈，向委內瑞拉進軍，以迅雷不及掩耳的速度，連續六次擊敗保皇派軍隊，奪回卡拉卡斯，成立「委內

圖 31：玻利瓦畫像　玻利瓦生於 1783 年，為委內瑞拉種植可可的大家族後裔，留學於西班牙、義大利和法國等地，二十四歲時回國，領導卡拉卡斯地區的抗爭行動。在領導故鄉委內瑞拉和哥倫比亞、厄瓜多、秘魯和玻利維亞的獨立運動中扮演著相當重要的角色。1819 年擊敗西班牙之後，玻利瓦被任命為大哥倫比亞共和國的總統。

瑞拉第二共和國」(Segunda República de Venezuela)，因而得到「解放者」的美名。1813 年 7 月，西南各省被一支來自基多的西班牙軍隊攻占，北部聖馬爾塔也重新落入西班牙人手裡，納里紐擔任各省聯軍司令，率領軍隊遠赴西南部與西班牙軍作戰。

　　1813 年 12 月，西班牙費南度七世復辟，再度對拉丁美洲實施鎮壓行動，第二共和旋即被殲滅；5 月，納里紐在帕斯托城戰敗被俘，此時，玻利瓦再次被迫撤回卡塔赫納，聯合省議會強迫昆迪納馬卡加入新格拉納達聯合省；11 月，聯合省將玻利瓦晉升為總司令，委託他收復昆迪納馬卡省；12 月 10 日，玻利瓦率領軍隊攻占昆迪納馬卡，幫助聯合省取得波哥大，波哥大成了新格拉納達聯合省和聯邦政府所在地。1815 年 5 月 10 日，玻利瓦欲借道卡塔赫納前去解放委內瑞拉，但遭到該城當局的堅決反對，心灰意冷之餘遂決定乘船去牙買加，過著流放的生活。1815 年夏季，王室派遣莫里約 (Pablo Morillo y Morillo) 將軍鎮壓拉丁美洲的獨立運動，莫里約率先收復委內瑞拉，接著攻克卡塔赫納；9 月，玻利瓦寫下《牙買加書信》(Carta de Jamaica)，闡述了所有拉美地區同多於異的特點，應該接受拉美的種族混雜認同感；12 月 24 日，

圖 32：讚揚玻利瓦為
「解放者」的畫像　用
來慶祝並歌頌玻利瓦解
放拉丁美洲，足以解釋
其在拉美歷史中的重要
地位。

玻利瓦到達海地的雷斯卡耶斯港 (Les Cayes)，在海地總
統佩蒂翁 (Alexandre Petion) 的幫助下❷，重新組織武
裝，誓言建立整個拉丁美洲聯盟。

　　1816 年 3 月，莫里約率軍攻陷波哥大，許多受人尊
敬的愛國者如洛桑諾、托雷斯和卡爾達斯 (Francisco
José de Caldas) 都被處死，使得獨立運動陷入低潮。3 月
31 日，玻利瓦由海地出發，開始了雷斯卡耶斯港的出
征；6 月，返回委內瑞拉宣布解放奴隸，並實施土地分配
給戰士等改革措施，漸獲人民支持，而接下來幾年的新
格拉納達愛國者獨立運動，均與委內瑞拉的解放戰爭息
息相關。1817 年，被西班牙軍隊打敗的聯邦軍隊逃往東
部亞諾斯平原，在桑坦德將軍的領導下，與委內瑞拉帕
艾茲 (José Antonio Páez Herrera) 將軍的部隊重新整編，
玻利瓦則率領軍隊在委內瑞拉境內與敵軍周旋，深入群
眾，建立根據地，發動印地安人和黑人參加獨立戰爭。

　　1819 年，玻利瓦再度重整旗鼓，率領了一支混合土

❷佩蒂翁總統以
玻利瓦保證在新
國家廢除奴隸制
為交換條件助其
招募軍隊，於
1815 年底徹底改
變委內瑞拉的局
勢，大批牧民此時
也決定性地加入
玻利瓦軍隊。廢奴
政策也是玻利瓦
獲得成功的關鍵
因素。

圖 33： 1819 年奠定哥倫比亞獨立地位的博亞卡之役

生白人、梅斯蒂索人、穆拉多人、桑博人、黑人和印地安人的聯邦軍，為進攻新格拉納達作準備；同年 6 月，玻利瓦的大軍到達東部卡薩納雷與桑坦德的軍隊會合，雙方共聚集了約四千三百名人馬，之後陸續發生巴亞戰役 (Batalla de Paya)、安地斯山之役 (Paso de los Andes) 和賈梅沙之役 (Batalla de Gámeza) 等。直到 8 月 7 日，玻利瓦在博亞卡戰役 (Batalla de Boyacá) 中取得決定性勝利，擊敗西班牙軍隊，新格拉納達其他地區亦陸續傳出捷報，自此確保哥倫比亞的獨立。

　　初期獨立運動失敗的主要原因是土生白人的領導者完全缺乏革命經驗，然而，在爭取獨立的過程中也獲得某些成就，例如：廢止可怕的宗教裁判所，不再歧視且反對當地出生的人擔任官員，逐漸廢除印地安人的繳交貢物制度，將各省的保留地或公有地分配給印地安個體戶，允許他們擁有私人財產。玻利瓦總結革命初期失敗的經驗教訓，主張動員群眾，深入農村地區建立根據地，更進一步廢除奴隸制，發動印地安人和黑人參加獨立戰爭，玻利瓦不僅是一位卓越的軍事家，也是一個偉大的政治家、思想家，滿腔熱情地散播美洲革命的種子，希望在南美洲點燃獨立革命之火花。

第二節　大哥倫比亞共和國

一、安戈斯圖拉會議

在解放新格拉納達和委內瑞拉的過程中，玻利瓦體會到各區域必須整合始能對抗西班牙軍隊，因此希望建立一個由委內瑞拉、新格拉納達和基多總督轄區 (Virreinato de Quito) 組成的共和國。1819 年，儘管各地仍在西班牙控制之下，由委內瑞拉、新格拉納達和基多地區（現今的厄瓜多）推派出的代表，於 12 月 17 日在委內瑞拉的安戈斯圖拉 (Angostura) ❸召開國民議會，此舉無異向西班牙王室正式宣告獨立，會中做出幾項重要決議：

❸1846 年後改稱為玻利瓦城 (Ciudad Bolivar)，以紀念玻利瓦建立該城。

1. 制定《大哥倫比亞共和國憲法》(*Ley Fundamental de Colombia*)。

2. 將成立「大哥倫比亞共和國」(Gran Colombia)，由總統管轄，得由副總統代理其職務。

3. 大哥倫比亞共和國分成三個省，新格拉納達改為昆迪納馬卡省，其省會聖塔菲波哥大改為波哥大，並為大哥倫比亞的首府；基多的首府為基多市；委內瑞拉的首府為卡拉卡斯。

4. 總統、副總統採間接選舉，議會選出玻利瓦擔任共和國總統，桑坦德為副總統。

5. 決定採用玻利瓦號召獨立時使用的黃、藍、紅三色橫條旗為共和國國旗，黃色部分占旗面的一半，藍色、紅色各占旗面的四分之一，黃色象徵穀物、金色的陽光和豐富的自然資源，藍色代表大西洋、太平洋和國內的

河流,紅色象徵愛國者為爭取國家獨立和民族解放而灑下的鮮血。

二、古古達會議 (Congreso de Cúcuta)

1819 年之前,許多傑出領導人都死於獨立運動中,存活下來的人則繼續扮演著重要的角色,為了表示尊重納里紐身為獨立運動的先驅,玻利瓦任命他為共和國過渡時期的副總統,於是在其短短二個月任內,納里紐決定於 1821 年召開古古達會議。

在經過委內瑞拉獨立和卡拉卡斯、卡塔赫納、波帕揚、聖馬爾塔解放之後,1821 年 8 月 30 日,終於排除萬難於北桑坦德省的古古達召開會議,會議中做了多項重要決定,例如:共組中央集權政府,宣布成立「大哥倫比亞共和國」,奠定大哥倫比亞的政治組織,頒布《古古達憲法》(*Constitución de Cúcuta*)❹,規定大哥倫比亞共和國為中央集權制國家,確立行政、立法和司法三權分立原則,議會由參議院和眾議院組成,議員由人民選舉產生,選民資格受到財產和文化程度的限制。

由於當時基多地區還受到西班牙的統治,並未派代表參與投票,新格拉納達的代表們,尤其是來自考卡地區的代表,基於歷史上與基多密不可分的情誼,堅持其必須為共和國之一員;委內瑞拉的代表雖對基多地區不甚了解,也認為應刻不容緩地與其合作,基多就在未有代表出席的情況下,成為共和國的一員。憲法頒布之後,依憲法選出正、副總統,結果由主張中央集權制的玻利瓦擔任總統,因為他是委內瑞拉人,按規定副總統必須由來自新格拉納達的人擔任,於是便由主張聯邦政府制度的桑坦德擔任副總統。玻利瓦為了繼續爭取委內瑞

❹ 又稱為《大哥倫比亞憲法》(*Constitución de la Gran Colombia*),被視為哥倫比亞的第一部憲法,一直實施到 1831 年止。哥倫比亞政治制度隨著其憲法變更而經歷了漫長的演變。

拉、厄瓜多和秘魯的獨立而四處征戰，便將治理國家的重責大任交給桑坦德，由其暫代總統職務。桑坦德雖是軍人出身，但曾經於 1808 至 1810 年間在波哥大研讀法律，擔任副總統職務期間，一直恪遵憲法規定，因而贏得「法律先生」(Hombre de las Leyes) 的美名。1820 年代，大哥倫比亞共和國政局被分成文人和軍人兩派，桑坦德得到波哥大地區文人政府的支持，但居主導地位的卻是各省軍閥。

　　制憲會議的目的與拉美其他國家初期獨立時無異，都同意廢除宗教審判、反對奴隸制度，並且竭力修補財政制度。古古達會議同樣也制定了許多基本的改革，因為當時大多數的代理人都屬於自由派人士，他們想在政治、經濟和宗教方面獲得更多自由，故而限制了長久以來掌控大權的國家和教會權力。該會議也再度承認早期新格拉納達償付印地安人保留地的提案，廢除印地安人的奴隸制度，為了彌補過去強迫印地安人繳交貢物的措施，宣布印地安人具備公民的身分，使他們覺得有義務繳交稅款，更進而認同這個國家。在殖民地財政制度方面，調整關稅，簡化海關制度，將外來品課稅的收入支付給南美洲的港口，而不是繳給西班牙王室，直接增加了當地的收入；免除貨物稅，且為了彌補免除貨物稅的虧損，直接課徵土地或資產所得百分之十的稅。

圖 34：桑坦德畫像　桑坦德生於 1792 年，十八歲時進入軍校就讀，二十歲便成為哥倫比亞獨立戰爭中的核心領導人物，與玻利瓦於博亞卡戰役中並肩作戰，1821 年被選為大哥倫比亞共和國的副總統。1828 年，被捲入九月陰謀事件中而被流放至巴黎；1830 年玻利瓦死後才返國，並於 1832 至 1837 年間擔任新格拉納達共和國的總統，卒於 1840 年。

　　同樣地，在宗教方面亦大幅改革，修法廢止所有少於八人的修道院，廢止宗教裁判所，沒收教會資產，將沒收的資產用來捐助大哥倫比亞的中等學校，支持此項改革的自由派人士唾棄教會的無知、神格化，以及僧侶、修道士的無用，然而，天主教的觀念早已深根於社會大眾，政府便從推動教育改革方面著手。

　　古古達會議制定了許多立意良善的改革，因各地領導人物的主張不同而遭到挑戰，然各地代表們並沒有切實執行，雖立法廢除奴隸，並沒有真正使單一獨立的奴隸自由；廢除貨物稅，但仍保有菸草獨占，甚至在實行手段上更惹人反感。在新格拉納達地區，居領導地位的商人階級和專業人才強力支持改革，然而這些團體畢竟為數不多，軍人、神職人員和貴族階級傾向於漸進式改革，尤其當遇到與自己利益相衝突時，最後，神職人員表明拒絕自由主義，自由主義知識分子則得到在農村從事原始農業工作，或是在小鄉鎮及都市區的勞動者的支持。

三、奠定基業

　　1820 年 10 月 9 日，南部的瓜亞基省宣布獨立，建國號為「瓜亞基自由省」(Provincia Libre de Guayaquil)，由歐梅多 (José Joaquín de Olmedo) 擔任總統，引起西班牙軍隊的鎮壓行動，歐梅多向玻利瓦求援，玻利瓦遂指派蘇克雷 (Antonio José de Sucre) 將軍進入瓜亞基對抗西班牙軍隊❺。

　　1821 年 6 月，玻利瓦進入委內瑞拉北部，經卡拉博博戰役 (Batalla de Carabobo) 勝利後，建立「委內瑞拉第三共和國」(Tercera República de Venezuela)，委內瑞拉

❺瓜亞基省位於太平洋沿岸，初歸秘魯總督管轄。1739 年，重新劃定由新格拉納達總督管轄。瓜亞基省獨立之後，基多地區立即加入大哥倫比亞共和國，玻利瓦亦要求瓜亞基自由省加入，然而當地居民卻偏向於回歸秘魯或是維持獨立地位。

正式宣告獨立；11 月，巴拿馬獨立，加入大哥倫比亞共和國。1822 年 5 月 24 日，在基多附近發生皮欽查戰役 (Batalla de Pichincha)，蘇克雷成功解放基多，並確保其獨立地位；7 月，玻利瓦率軍進入瓜亞基，自此與厄瓜多省和阿蘇阿省 (Departamento de Azuay) 並列為大哥倫比亞的南方特區 (Distrito del Sur)，順利將瓜亞基和基多併入大哥倫比亞共和國。至此，大哥倫比亞共和國的領土已包括哥倫比亞、委內瑞拉、巴拿馬和厄瓜多❻。

　　1824 年 12 月 9 日，發生於秘魯境內由蘇克雷指揮的阿亞古丘之役 (Batalla de Ayacucho)，成功阻擋西班牙軍隊，此役也是西班牙王室在拉丁美洲大陸最後一次的軍事鎮壓行動，所有在新格拉納達和秘魯總督轄區的西班牙勢力已完全被三名委內瑞拉英雄——玻利瓦、蘇克雷和米蘭達 (Sebastián Francisco de Miranda Rodríguez)❼——所逐出。

第三節　國土分裂

一、中央集權和聯邦主義之爭

　　縱使獨立戰爭有遠大的理想及目標，卻沒有改變原有的社會結構、生產方式和生產關係，大莊園制度依然存在，甚至規模更加龐大，土生白人掠奪而來的土地面積，較西班牙殖民者統治三百年還要來得多，對農民的剝削和壓迫絲毫未減。獨立後的哥倫比亞，仍存有頑固的封建制度，政治及經濟大權完全落到參加獨立戰爭的土生白人將軍、大地主和大商賈手中，他們竭力維護舊有的生產關係，鞏固新取得的政治權力，要求中央集權，

❻秘魯人民一直希望重新收復富有的瓜亞基省，且不滿玻利瓦干預秘魯的內政問題，因而屢屢引發爭奪瓜亞基主權的示威活動，這個問題一直是大哥倫比亞和秘魯之間的芒刺，直到 1830 年瓜亞基省與大哥倫比亞共和國分離為止，瓜亞基省現為厄瓜多領土。

❼1750 年出生於委內瑞拉卡拉卡斯的一個富商家庭，1772 年加入西班牙皇家軍隊，繼而體認到西班牙當權者的腐敗及專橫。之後，受到法國大革命影響，漸萌生爭取拉丁美洲獨立的思想，為委內瑞拉第一共和國的領袖。

將權力集中於波哥大，以控制各省的新政府，完全無視落後的生產關係嚴重阻礙國家生產力的發展。文、武官員為了競爭公職，地區間互相猜疑，地方領袖極力維護在各地的利益，軍人專政和地方割據的勢力日益嚴重，解放的地區開始分裂，呈現無政府狀態，中央政府無法制止各省的分裂，各地方政府為了實行中央集權或是聯邦制度而紛擾不休，也因為無法解決經濟互不往來及政治矛盾衝突的困境，再度陷入中央集權和聯邦制度的爭議之中。

玻利瓦總統和桑坦德副總統亦因為政治立場不同而有各自的支持者，玻利瓦認為拉美應團結一致，唯有強而有力的中央政府才能保證拉美新國家的獨立，並且建立一個大一統的美洲，想把美洲大陸變成最廣大、最強大的聯盟，其支持者來自於教會人士、波哥大、卡塔赫納、波帕揚的社會菁英以及委內瑞拉的軍官將領。在賈西亞‧馬奎斯的《迷宮中的將軍》中，曾如此描述著玻利瓦：

> 拉丁美洲有文化的一代，從墨西哥到拉普拉他河播下了獨立的種子，而將軍是最自信、最頑強、最有遠見卓識的人，而且也是最善於把政治才華和戰爭直覺揉合在一起的人。

新格拉納達和安蒂奧基亞等地區商人、知識分子、理想主義者及富有野心的各省領袖都希望實行聯邦制，將權力分散至各省，因而支持桑坦德副總統。農民及城市中的勞工階級大多沒有投票權，也造成他們對政治事務的冷漠。委內瑞拉的眾議員認為組成中央集權的政府只是玻利瓦一廂情願的想法，至於才解放不久的新格拉納達早已受到主張聯邦制度的副總統桑坦德影響。

1826 年，玻利瓦為玻利維亞共和國擬訂了一套總統權限極大的《玻利維亞共和國憲法》，由他自己擔任總統，總統任期為終身職，並且可以直接任命其繼承者，故而在玻利維亞和秘魯境內發展出一種極端中央集權的體制（雖然當時玻利維亞已與秘魯分離）❽。這套憲法

讓玻利維亞人視玻利瓦為獨裁者，造成支持桑坦德的聯邦派極度不滿，他們認為那是一種倒退至君主立憲的制度，且害怕玻利瓦也會在哥倫比亞實施此憲法，加深了雙方支持者的嫌隙。

1826 年 4 月 30 日，委內瑞拉發生一起由帕艾茲將軍領導反對波哥大政府、反中央集權和反玻利瓦的著名運動，稱之為「拉科西阿塔」(La Cosiata，又稱為 la cosa esa，意指那個事件)；11 月，當時人正在秘魯的玻利瓦，急速率領大軍進入委內瑞拉，力圖救平動亂，恢復統一，最後說服帕艾茲將軍放棄與大哥倫比亞作對，雙方交換條件為承認帕艾茲將軍在委內瑞拉的統治地位。

1828 年 4 月 9 日，兩派人士共同召開「歐卡納會議」(Convención de Ocaña)，以修改古古達會議制定的憲法，結果卻造成兩派公開發生衝突，究竟應該加強中央對各省的統治權，還是各省應堅持擁有最大的政治、軍事和經濟大權，雙方各堅持己見，最後，聯邦派退出會議。為了解決政治紛爭，也因為玻利瓦迫切希望看到大哥倫比亞統一，致使他採取獨裁方式，亦令兩派衝突危機升高到最高點。

1828 年 9 月 25 日，聯邦派預謀暗殺玻利瓦，此即著名的「九月陰謀」(Conspiración Septembrina)。經由法院調查，確定桑坦德是陰謀的幕後策動者，因而和許多支持者的下場一樣被處以叛國死罪，玻利瓦後來下令將桑坦德的死刑改為流放巴黎。經此事件之後，玻利瓦陷於派系鬥爭及忍受肺結核的折磨，他企圖團結拉美的理念開始幻滅，不實際的理想主義成為他人的絆腳石，爭吵不斷地繼續，秘魯宣布反對玻利瓦，委內瑞拉的將領們也開始懷疑玻利瓦的意圖。

❽ 玻利維亞原屬於秘魯總督轄區的管轄範圍，1825 年脫離秘魯獨立，成立玻利維亞共和國 (República de Bolivia)，1826 年玻利瓦為其制訂憲法，由蘇克雷將軍擔任總統。

二、大哥倫比亞共和國解體

1829 年 11 月，委內瑞拉脫離大哥倫比亞，帕艾茲自任為委內瑞拉總統。1830 年 1 月 20 日，玻利瓦召開制憲大會，修改憲法，卻依舊未能阻止委內瑞拉的獨立，遂於 5 月 8 日辭職下野；5 月 13 日，基多宣布脫離大哥倫比亞獨立，組成厄瓜多共和國 (República del Ecuador)；12 月 17 日，玻利瓦逝世於聖馬爾塔附近。對於新格拉納達和委內瑞拉領導者意見的分歧，賈西亞‧馬奎斯於《迷宮中的將軍》中寫道：

> 玻利瓦十分清楚，敵人不在外部，而在家裡，兩個國家的獨裁政府都宣布誓死反對統一，在新格拉納達，獨裁政權的代表者是桑坦德及其支持者，此為置我們於死地的分離主義戰爭，真正而唯一的原因。

圖 35：1819～1830 年大哥倫比亞共和國疆域圖

　　1831 年，大哥倫比亞共和國宣告解體，分別產生新格拉納達、厄瓜多和委內瑞拉三個獨立國家。1832 年，新格拉納達改國名為「新格拉納達共和國」(República de Nueva Granada)，採中央集權制，依法規定，必須重新制訂憲法，於是在 2 月 29 日頒布《大憲章》(Carta Magna)，此即為新格拉納達共和國的第一部憲法，桑坦德為憲法頒布以後的第一屆總統，憲法中重申新格拉納達共和國的領土包括波哥大、巴拿馬、安蒂奧基亞、卡塔赫納、馬格達雷納、巴巴戈阿斯 (Barbacoas)、內瓦 (Neiva)、潘普隆納、帕斯托、波帕揚、索科羅、頓哈、貝雷茲 (Vélez) 和貝拉瓜斯 (Veragaus)。該憲法雖然秉持著自由共和的精神，但卻並非完全民主，公民投票的權利再度因民眾的經濟條件而受到限制，大多數沒有錢的民眾仍被排除在外。

　　加速委內瑞拉、厄瓜多與大哥倫比亞分離的主要原因在於聯邦派和中央集權派觀念的差異，一直到 1822 年加入大哥倫比亞共和國之前，厄瓜多的代表從未出席憲法會議，儘管厄瓜多民眾大多支持《古古達憲法》，尤其是曾經受到秘魯統治的瓜亞基省，無論住在當地的厄瓜多或秘魯人民，都渴望制訂一套聯邦主義憲法，此意謂著希望各省擁有自治權，而不是強迫權力集中在中央政府。委內瑞拉的軍人們也希望在委內瑞拉境內可行使更大的職權。

三、兩黨政治

　　1832 年，桑坦德總統執政之後，國家開始傾向聯邦制，他制訂了一套具有自由思想的法律，建立學校，將教育權交給地方政府負責，削弱教會對教育的影響，擺脫教會對國家政治的影響，鼓勵研究西方先進思想家的著作，這些措施都有利於資本主義的發展，工業和貿易也稍微進步和繁榮。當時支持桑坦德的一派便組成「自由黨」(Partido Liberal)，代表新興資產階級、少部分地主和軍人階級的利益，在工農和小資產階級中也頗有影響力，主張聯邦主義、自由貿易和進行有益於生產力發展的社會改革，反對教會干預政治和教育，認為哥倫比亞

應是一個民主、自由和獨立的國家。

1837 年，保守派副總統馬戈茲 (José Ignacio de Márquez Barreto) 得到溫和派自由黨人和玻利瓦追隨者的支持而當選總統，贏了當時由桑坦德總統支持的歐邦多 (José María Ramón Obando del Campo) 將軍和激進自由主義者阿隨羅 (Vicente Azuero Plata)。

1839 年 5 月，由於保守派馬戈茲總統下令廢止帕斯托地區僧侶較少的聖奧古斯丁 (San Agustín) 修道院、聖多明哥 (Santo Domingo) 修道院和拉梅西得 (La Merced) 修道院，並將其收入投入於該區的公共教育，引發帕斯托地區暴動，其他地區也趁勢反對中央政府，全國陷入內戰，史稱為「修道院戰爭」(Guerra de los Conventos)，是哥倫比亞獨立後發生的第一場內戰，由自由派人士挑起，再加上南方地區高地酋 (caudillo) 的煽動❾，因此又稱為「至高無上的戰爭」(Guerra de los Supremos)，歷時三年多（1839～1841 年）的內戰，最終被保守派的埃蘭 (Pedro Alcántara Herrán) 將軍所弭平。內戰不僅阻礙全國新興工業的發展，破壞自由貿易的進行，也悄悄埋下自由黨和保守黨政治敵對的種子，以致全國在後來的流血革命及暴亂中嘗到苦果。

1841 年，埃蘭當選總統，兩年後，政府頒布中央集權制新憲法，授予總統絕對權力，同時採取許多保守措施，如：取消新聞自由、允許耶穌會會員回國、與天主教密切合作、恢復教會特別法庭以及學校由教士託管等，使得教會重新獲得許多傳統特權。後來贊成玻利瓦理念的人於 1849 年組成「保守黨」(Partido Conservador)，主張中央集權，實行貿易保護主義，維護大地主等官僚階級和教會利益，作為保守黨重要支柱的天主教會，不僅

❾泛指當時代表大地主階級利益，掌握國家政治、經濟及軍事大權的少數菁英，並且實施獨裁統治的地方首領。

擁有大筆土地，還控制著國家的文化教育機構。

1848 年，支持桑坦德總統理念的人士成立「自由黨」(Partido Liberal)，主要代表大資產階級利益，在工人、農民和小資產階級中也有一定影響力，重視社會民主和社會自由主義。自此，哥倫比亞兩大傳統政黨——保守黨和自由黨——彼此爭奪政權不休，更數度引發內戰，國家政權一直被這兩大政黨控制和壟斷，雖然曾出現一些其他黨派，但是沒有一個政黨能長時間存在，此說明了兩黨制在一定程度上阻礙了其他黨派的發展。賈西亞·馬奎斯在《百年孤寂》書中貼切地形容出哥倫比亞人民對兩大黨的看法：

> 由於邦迪亞那時還弄不清保守黨和自由黨的差別，岳父就詳細為他解說，他說自由黨是秘密結社的同濟會會員、是壞人，企圖絞死教士，照習俗舉行婚禮，贊成離婚，承認私生子與婚生子享有相同的權利，把國家割據成聯邦政府，剝奪最高當局現有的權利。相反地，保守黨是直接從上帝取得權利，主張建立公共秩序和家庭倫理，他們信仰基督，是權力的維護者，不容國家被分割成各別自治體。

哥倫比亞政黨政治最大的特徵在於基於傳統社群或家族關係而形成的政黨認同，政黨繼承類似於宗教繼承，某些時候便將此種認同意識發展為生活方式，並將之世代相傳，因此該國人民的政黨認同亦可說是附著於臍帶的，此意味著哥倫比亞的傳統向來是孩子接受父母的政治立場，無論在社會各個階層中皆是如此，他們以對政黨的忠誠為基礎，為了支持不同派系的統治階級而互相攻擊。

另一個政治特色是世襲的統治型態，不論都市或農村地區，社會結構是垂直的保護者與被保護者關係，政治或經濟菁英分子提供金錢以換取情報、個人忠誠和政治支持，貧窮的農民或勞工階級在經濟上只得依附菁英分子，並淪為政治工具，形成了恩賜現象 (patronage) 和

從屬主義 (clientelismo) 的垂直關係。當兩黨菁英的權力受損時，便發動其附屬的群眾製造暴動，歷經多次交戰後，便逐漸形成壁壘分明的兩派，當社會大眾逐漸演變成仇視對方，並且願意為自己支持的政黨犧牲時，政黨菁英的成員便藉此操控選舉和政治聯盟。由於保守黨和自由黨各自得到不同階層民眾的支持，並與支持者維持密切的關係，最有勢力的黨可以擁有全國最多的土地，所以兩黨為了控制國家，彼此存有強烈的敵意，暴動、政變和內戰有如家常便飯。兩黨除了政治、經濟理念不同，有各自的支持者之外，黨內的派系鬥爭亦很明顯。

第八章
紛擾不休的內戰

第一節　兩黨惡鬥

一、自由黨改革的餘毒

　　1845 年，自由黨摩斯戈拉 (Tomás Cipriano de Mosquera y Arboleda) 當選總統，深自以 1839～1841 年的內戰為戒，開始實施一系列改革，排除教會勢力，首次實施全國普查，對外貿易採取開放政策，財政部長貢薩雷茲 (Florentino González Vargas) 成功地廢除許多殖民時期殘存的舊稅制，使菸草工業得以振興，推動船隻於馬格達雷納河航行，並於 1849 年准許貨物於巴蘭基亞港口出貨。

　　1850 年，自由黨激進派羅貝茲 (José Hilario López Valdés) 因得到工人支持及利用保守黨分裂的時機而當選總統，繼續實施自由改革措施。經濟方面：取消繁重的賦稅和什一稅，實行農產品出口政策，鼓勵發展本國經濟，對舶來品課徵關稅，支持建造穿越巴拿馬地峽的鐵路計畫，並接受財政部長穆里約 (Manuel Murillo Toro) 提出的兩項重要改革法案，第一是農業改革，認為土地的累積應該受到合法的限制；

第二個是限制利率政策，讓人民減少借高利貸。

　　羅貝茲更進一步於 1853 年頒布新憲法，實行民主，省長普選，免費教育，重視新聞自自，結束對新聞報刊的審查制度，取消政治犯死刑，允許各州享有更多的立法權和財政權，明訂國家與教會正式分離（為美洲地區第一個明確規定政教分離的憲法），禁止宗教特權及撤回駐梵蒂岡代表等，徹底將教會勢力排除於政治之外。耶穌會教士因反對羅貝茲的改革而遭到驅逐，也由於新憲法賦予各州較大的行政權，1857 年巴拿馬州自訂了一部幾近獨立的憲法。

　　自由貿易改革政策由於手段過於強硬，以致有些措施引發強烈反彈，例如：1851 年 6 月，通過《解放奴隸法案》(Ley de Manumisión)，終結了哥倫比亞的奴隸制度，自獨立以來仍有大約一萬六千名的奴隸因此法案而受惠，也引發一股反對廢除奴隸的風潮，保守派阿波雷達 (Julio Arboleda Pombo) 於考卡地區率先發動軍事政變，被政府平定之後，考卡河谷被解放的奴隸和農民亦不滿而發生動亂，便趁機破壞附近的大莊園，並打擊他們以前的莊園主。又如廢除印地安人保留地制度，改為生產菸草，有利於農業出口的大盤商，造成原住民在保留地上原本從事的手工製品被取代。而教會地位不復往日，重重打擊了殖民時期遺留的舊生產關係和教會勢力，雖然在一定程度上解放了生產力，然而卻沒有改變舊有的土地制度，奴隸也未得到真正的解放。相反地，改革造成土地財產重新分配，造成大地主土地合法化，更加鞏固大地主和商人地位，反使貧苦的農民、手工業者和印地安人處於劣勢，亦迫使印地安人放棄他們為數不多的土地，幾年之內，印地安人土地的所有權集中到少數人手裡，他們則重新淪為大莊園主的農奴、佃農和雇工。

　　因此，自由改革可謂刺激了人們的政治情緒，政府稅收急劇減少，國家經濟日趨惡化，使哥倫比亞自十九世紀中期以後，無論在政治、經濟和社會方面都出現對立的局面。

二、內戰頻仍

　　大體上，哥倫比亞從獨立至 1849 年間的衝突主要在中央集權派和聯邦主義派政治理念的差異。1849 年兩黨制度形成之後，多半因為兩黨為了爭奪政權，或改革措施不同而引發內戰。無論如何，從獨立到十九世紀末，數得出來的內亂次數就達六次之多，至於規模較小的暴動則是不計其數。

　　1851 年，在昆迪納馬卡州由歐斯畢納兄弟 (Pastor Ospina Rodríguez y Mariano Ospina Rodríguez) 領導保守黨反抗，反對羅貝茲政府，羅貝茲總統只得藉由恢復黨內左派勢力的梅洛 (José María Dionisio Melo y Ortiz) 軍職，以協助政府平定動亂。1854 年 4 月 17 日，梅洛將軍因與甫就任一年的自由黨歐邦多總統理念不合，便發動政變推翻政權，自任總統，由軍政府執政。

　　1854 年 12 月，前總統摩斯戈拉返國參與工人革命，在北部的巴蘭基亞領軍反抗，前總統羅貝茲在南方的考卡和烏伊拉率軍響應，巴黎斯 (Joaquín París) 則統領馬格達雷納高地 (Alto Magdalena) 的師團從宏達市 (Honda) 穿越馬格達雷納河，三個軍隊於波哥大高原會合，再由前總統埃蘭擔任總指揮，推翻梅洛的獨裁政權。

　　1857 年，由於自由黨推派兩名候選人——前總統摩斯戈拉和前財政部長穆里約共同角逐總統寶座，結果卻由保守黨候選人老歐斯畢納 (Mariano Ospina Rodríguez)❶漁翁得利。老歐斯畢納政府雖然宣稱中央集權統治，卻又允許巴拿馬及安蒂奧基亞地區的聯邦制度存在，並於 1858 年進行憲政改革，改國名為「格拉納丁聯邦」(Confederación Granadina, 1858～1863 年)。

❶也是哥倫比亞保守黨的創黨元老。

摩斯戈拉競選失利後，便參選考卡州州長，並領導在野黨反對勢力。1860 年，為反對老歐斯畢納的改革，摩斯戈拉再度領導武裝抗爭，宣布考卡州脫離中央政府，不久得到桑坦德和托利馬地區的支持，經過一年多的戰爭，終擊敗保守黨，再度當選總統❷。

摩斯戈拉執政之後，於 1863 年召開制憲大會，通過一部帶有自由主義色彩的聯邦制憲法——《里約內格羅憲法》(*Constitución de Rionegro*)，改國名為「哥倫比亞合眾國」(Estados Unidos de Colombia，1863～1886 年)。為貫徹自由主義原則，賦予各省自治權，可自訂選舉制度，允許九個省可自組軍隊❸，縮小聯邦政府的許可權，建立自己的賦稅及投票制度，中央政府有權控制對外關係，不限制個人自由，個人權利、貿易、新聞和集會權利不受限制；廢除一切宗教法令，宣布政教分離，保障宗教信仰自由，禁止神職人員參加公民投票，從此結束教會與政府之間傳統的親密關係。1866 年，當摩斯戈拉第四度執政時，與教會關係已陷入緊張的局勢，強硬的態度始終與國會關係僵持不下，竟於 1867 年 4 月下令暫停召開國會，導致阿戈斯塔將軍 (Santos Acosta) 發動政變。

由於保守黨不滿自由黨公然倡導反宗教、反教會、將宗教勢力排除於教育之外，以及授予軍隊完全自由，雙方意見相左的後遺症卻是各州互相爭奪領土和貿易活動，政治、社會的不穩定，間接造成進口貿易銳減，經濟衰退。

1876 年，巴拉總統 (Aquileo Parra Gómez) 實施兩項最重要的措施是發展公共運輸、加強公共和世俗教育，他堅持教會不應介入教育及教育世俗化的理念引起

❷摩斯戈拉總共執政四次，第一次是在 1845～1849 年，第二次是 1861～1863 年，改為哥倫比亞合眾國之後又繼續於 1863～1864 年執政，最後一次執政則是在 1866～1867 年。

❸這九個省份別為考卡省、蘇沛特蘭省 (Sopetrán)、中部省、北方省、東北省、西方省、東方省、南方省和西南省。

保守黨極力反對，也導致同年 7 月在安蒂奧基亞、考卡和托利馬地區為結束教育世俗化而引發的內戰。1880年，自由黨溫和派努涅茲 (Rafael Núñez) 當選總統後，對紛擾不休的內戰感到厭倦，認為當務之急應維持政局穩定，進行改革。1884 年，努涅茲再度當選總統，改採保守措施，恢復教會特權，成立「民族黨」(Partido Nacional)，成員包括具有民族主義色彩的保守派和自由黨溫和派，徹底與自由黨激進派決裂，建立獨裁統治，壓制言論自由，著手制定新憲法；一年後，發生著名的煙霧戰役 (Batalla de La Humareda)，雙方許多領導者都死於該場內戰。

三、再生計畫（1886～1899 年）

　　經過自由黨長達四十年的執政❹，再加上歷經1853 年和 1863 年的憲法改革之後，哥倫比亞成為世界上聯邦體制最完善的國家之一；然由於功能不彰，導致政治紊亂。平定了內亂之後，努涅茲總統於 1886 年 8 月召開全國代表大會，定國名為「哥倫比亞共和國」(República de Colombia)，廢除以聯邦體制為主的《里約內格羅憲法》，另頒布中央集權制的《哥倫比亞憲法》(*Constitución de Colombia*)❺，以解決聯邦制的爭議和教會與中央政府爭權的棘手問題，使國家發展的根基更為穩固，該憲法重要的內容大致如下：

　　1.賦予總統無限權力，提高中央政府權力。

　　2.總統間接選舉，任期延長至六年。

　　3.把原本擁有極大自主權的州 (Estado) 改為省 (Departamento)，總統行使國家、省（包括州和特區）、市的行政管理權，統帥國家武裝部隊，有權任命省長，

❹1849～1885 年間一直由自由黨執政，僅在 1854 年梅洛的軍政府和 1857～1861 年，由保守黨的老歐斯畢納執政。

❺南美洲最古老的憲法，一直沿用至 1991 年始大幅改革。

干預經濟生活及廢除地方軍隊。地方長官由各省長任命。

4.人民充分享有自由，包括言論、信仰、集會、出版和接受教育的自由，甚至有罷工和向政府要求擁有個人財產的權利，十八歲以上公民享有更多合法的權利，唯有軍警人員例外，他們被禁止參與投票和政治活動，在政府行政部門工作的人雖然擁有投票權，也被禁止涉入政治事件。

5.政府機關分成三個部門，總統及其閣員行使行政權；國會由參、眾兩院組成，擁有立法權，有權指揮省議會，以加強中央對地方政府的控制，國會議員由公民直接選舉產生；司法部門隸屬於行政當局，由行政當局任命最高法院和地方法院的法官，法院執行司法權。

除了憲政改革之外，經濟改革亦再下猛藥，提高舶來品的進口關稅，保護本國工業發展，成立國家銀行統一發行貨幣和貸款；此時咖啡收入成為政府新財源，便將咖啡收入直接投資新興工業。宗教方面，將天主教訂為國教，並受政府保護，公立學校要受教會的指導和管理，教科書也要由教會審查。這些改革統稱為「再生計畫」（La Regeneración，1886～1899 年），無疑地加強了地主階級、天主教會和大資產階級的權力。

1887 年，努涅茲第三次當選總統，再次恢復教會一切特權，歸還教會被沒收的財產，至 1894 年去世為止，哥倫比亞一直受到他的嚴格控制，繼任的卡羅 (Miguel Antonio Caro) 總統亦切實執行之。1895 年1 月，自由黨於波哥大策動反卡羅政變，之後乃演變成全國性的反對行動，在昆迪納馬卡的拉德里布納戰役 (Batalla de La Tribuna) 和桑坦德省的恩西索戰役 (Batalla de Enciso) 及卡比達涅荷戰役 (Batalla de Capitanejo) 很快便被政府軍平息。努涅茲總統的再生計畫並未料想到十三年之後會引發哥倫比亞二十世紀初最嚴重的兩場災難——即千日戰爭和巴拿馬獨立。

第二節　千日戰爭（1899～1902 年）

一、內戰原因

《里約內格羅憲法》賦予聯邦各省更廣泛的主權，使得支持聯邦制的自由黨和主張中央集權制的保守黨之間的分歧更大。輪至保守黨執政時，又將憲法改為中央集權制，賦予中央政府無上權力，依此保守黨政府得以加強對國家的控制，自由黨相繼喪失政治權力，領導者紛紛被放逐、監禁，甚至被處死。兩黨為了各自利益，無所不用其極地摒除對方政治勢力，不顧國家發展及人民需求而多次修改憲法，因而造成無數起社會紛爭、軍事衝突乃至內戰。

內戰爆發的另一個原因為經濟危機。整個十九世紀，哥倫比亞稱不上是一個國際性的國家，因為它沒有生產可以出口的產品來賺取外匯，只有在 1870 年代以後，咖啡生產逐漸位居要角，咖啡商將收成的咖啡販售給國外的烘焙商，然後將獲利投資於進口替代工業。靠咖啡出口即可賺取暴利的心態，促使哥倫比亞和其他種植咖啡的國家大量生產，導致 1890 年代後期全世界咖啡價格暴跌，也使得哥倫比亞的經濟政策更加惡化。經濟困境加深了自由黨異議人士和保守黨政權之間的對立狀態，兩黨內部又因意識型態不同而分成許多派別，例如：自由黨內部分成激進右派、溫和中間派，保守黨內部的歷史學派 (Históticos)，與卡羅總統的民族主義派 (Nacionalistas)❻又互不相容。

1898 年，即將卸任的卡羅總統竟然將政權轉交給

❻民族主義派是努涅茲及其「民族黨」（由自由黨轉為保守派）的後繼者。

年紀八十多歲的桑克萊門德 (Manuel Antonio Sanclemente) 總統，自由黨推測這意味著卡羅想繼續擔任總統的幕後黑手。兩黨於 1899 年 6 月爆發史上最嚴重的內戰，戰事始於桑坦德省，同年 10 月 22 日，烏里貝 (Rafael Uribe Uribe) 領導自由黨在種植咖啡的地區——索科羅——發動抗爭，向保守黨政府宣戰。二天後，自由黨於馬格達雷納河附近發動歐畢斯波斯戰役 (Batalla de Obispos)，戰火隨即蔓延到全國各個角落，造成群眾分裂，乃至於形成各幫派。執政的保守黨享有掌控國家通訊、財政和政府軍隊的優勢，採取暴力鎮壓手法，全國僅桑坦德省和巴拿馬省的自由黨勢力可與政府軍匹敵；雖然政府火力強大，但自由黨的頑強抵抗卻也讓政府無法速戰速決。

　　同時間，桑克萊門德總統因健康因素將國家委由副總統馬羅金 (José Manuel Marroquín) 治理，之後保守黨亦陷入民族主義派和歷史學派的角力紛爭之中。1899 年 12 月，自由黨在烏里貝將軍和艾雷拉 (Benjamín Herrera Cortés) 將軍的領導下，贏得一場勝仗，卻因誤判政府會讓步而未乘勝追擊，以致錯失良機。

　　1900 年 5 月的帕洛內格羅 (Palonegro) 之戰，政府成功阻擋自由黨火力，僅此一役就造成雙方傷亡人數達三至五萬人，自由黨損失最為慘重。之後，自由黨在農村展開游擊戰，並且在缺乏鄰國幫助的情勢下陷入苦戰，內部人馬又意見不一，

圖 36：千日戰爭中被徵召入伍的童兵

分裂成和平派 (Pacifistas) 和好戰派 (Belicistas)。當時戰區主要集中在巴拿馬省和加勒比海沿岸，委內瑞拉的卡斯特羅 (José Cipriano Castro Ruiz) 總統因支持烏里貝將軍，而引發保守黨內部對處理內戰產生不同的態度，民族主義派認為最好的方法是立即阻止游擊戰，避免游擊戰擴大為國際事件，歷史學派則成功罷黜桑克萊門德總統，推派副總統馬羅金繼位。馬羅金總統強硬的態度，成功阻斷委內瑞拉的軍事支援，再加上得到厄瓜多、委內瑞拉和尼加拉瓜政府的部分支持，烏里貝將軍迫於形勢，只得投降。

二、簽訂條約

　　政府於 1902 年 6 月宣布實行大赦和改革，承認自由黨在沿海和北部的勢力，由於保守黨無法以軍事手段迅速平息紛爭。適逢疾病流行，雙方損失嚴重，尤以自由黨為最。10 月 24 日，雙方於尼艾蘭迪亞 (Neerlandia) 大莊園簽訂和平協議，巴拿馬省的戰事則一直持續到 11 月底才終結，美國為維護在巴拿馬海峽修築運河的利益，老羅斯福總統 (Theodore Roosevelt) 數度派遣海軍航行至巴拿馬附近關切戰事，迫使駐守在該處的艾雷拉將軍投降。雙方在美國威斯康辛戰艦上簽署《威斯康辛條約》(Tratado de Wisconsin)，宣告戰爭結束，這場戰爭也導致了美國開始插手巴拿馬運河的事務，埋下日後巴拿馬獨立的種子。

　　歷時三年的內戰，重創哥倫比亞，共造成十萬多人死亡，尚且不包括傷殘人士，許多人因受重傷而失去了工作能力，田園荒蕪，物價高漲，通訊中斷，滿目瘡痍，百業蕭條，民不聊生，交通運輸破壞殆盡，全國的農工商業發展間歇地被中斷，造成無法計數的傷害。自由黨對抗保守黨，聯邦派對抗中央派，資產階級對抗地主，地區對抗首都，是哥倫比亞獨立以來損失最慘重的一次內戰，即史上著名的「千日戰爭」(Guerra de los Mil Días)，雙方衝突的方式導致結下的仇恨與報復延續了數十年。

　　為了從創傷中恢復，緩和國內矛盾，保守黨政府也釋出善意，進

行了一些改革，政治方面：給予自由黨選舉權，確定自由黨在國會和內閣的代表權，取消 1886 年憲法中引起政治衝突的一些條文，總統任期由六年縮短為四年；經濟方面：加強國家對經濟干預，推動和保護工業發展，大力發展運輸業、公共事業和其他企業，鼓勵美國投資。

綜觀哥倫比亞十九世紀的發展，政局不穩和內戰更迭，每場內戰之後，都留下新的仇恨，數以千計的年輕人死於戰爭，只留下無力從事農業、礦業等工作的傷殘者，牲畜被軍隊徵收，農民的收成和商人的貨物遭到破壞和沒收，嚴重阻礙全國經濟發展，各方面都停滯在非常落後狀態，放眼望去盡是需要重建之處。

第三節　巴拿馬獨立

一、經濟地位

巴拿馬地峽是大西洋和太平洋之間往來最短和最便捷的通道，與哥倫比亞北部沿岸地區在對外貿易方面扮演著關鍵性角色，長期以來一直受到諸方重視。十六世紀初西班牙人巴爾波阿在印地安人的幫助下發現巴拿馬地峽，從此所有運往南美洲西部的貨物都必須經由地峽，因此該區的居民長期以來一直依賴著轉運貿易而生存，當時的西班牙國王卡洛斯一世就曾下令對巴拿馬地峽進行勘察，並計畫在其最窄的地段開鑿一條運河，但因技術條件和施工能力有限，西班牙人只能沿著山腳用鵝卵石鋪設一條穿越地峽的驛道。

直到十八世紀中，巴拿馬地峽才正式成為新格拉納達的一分子，然因兩地交通困難，始終無法建立緊密的聯繫，例如：從巴拿馬到新格拉納達首都的交通十分艱難，必須越過多山的地峽，在卡塔赫納市搭船，然後歷經數月艱辛的海上生活，才能到達馬格達雷納河上游的宏達市，從那裡尚須花費數天的時間才能抵達波哥大。更糟的是，併入新格拉納達後反使得巴拿馬失去原本重要的地位，西班牙帝國大幅

改變貿易規則，變成不再繼續護航往返西班牙南部加第茲 (Cádiz) 和地峽之間的船隻，反允許船隻直接從西班牙繞到南美洲最南端的合恩角 (Cape Horn) 通往南美洲太平洋港口，這個航海路線的改變對智利有好處，但對巴拿馬卻極不利，從那時起巴拿馬即進入一段經濟困頓時期，也使其經濟重要性一落千丈，直到十九世紀加利福尼亞發現金礦後才又恢復生機。

1821 年 11 月 28 日，巴拿馬宣布脫離西班牙王室獨立時，即自願加入大哥倫比亞共和國。巴拿馬地峽重要的戰略位置，也因哥倫比亞中央集權派和聯邦派政府執政而有所不同，當中央集權派主政時，被視為巴拿馬省 (Departamento de Panamá)，但在聯邦政府統治下又成為擁有主權的巴拿馬州 (Estado Soberano de Panamá)。後來巴拿馬分別於 1840 年、1885 年及 1895 年發起獨立運動，但都未成功，千日戰爭前的經濟危機更埋下巴拿馬日後爭取獨立的種子。

美國早在 1846 年 12 月就已和新格拉納達共和國簽訂《和平、友好、航海與貿易條約》，又稱為《馬亞里諾—比德雷克條約》(*Tratado Mallarino-Bidlack*)。條約中明訂美國公民、船隻和貨物在新格拉納達的所有港口，包括巴拿馬地峽，進行航海與貿易時享有免付權、優惠權和豁免權；美國保證巴拿馬地峽的完全中立性，也保證新格拉納達共和國的主權及對巴拿馬地峽的所有權，從此正式開啟了美國與巴拿馬地區的政治、經濟和社會關係，也成為干涉巴拿馬內部事務的前哨站。

1849 年，加利福尼亞發現黃金後，美國東部的人口如潮水般湧向加利福尼亞，由於當時美國東西交通十分不便，東部尋找黃金的人們不敢冒險直接穿越美國內陸，寧願繞道巴拿馬，再去舊金山淘金，於是巴拿馬便成為淘金客的往來要道。美國商人看好巴拿馬商機及其特殊地理位置，遂於 1850 年開始修築橫貫地峽的鐵路，卻因當地天候惡劣，瘧蚊四起及黃熱病傳染，花費五年時間才完成全長七十七公里，西起巴拿馬城，東至科隆 (Colón)，與運河並行的一條鐵路。在鐵路修築之前，往來巴拿馬東西岸走路需花費四天左右，鐵路完成之後僅花

費四個小時，且在通車的第二個十年期間，淨賺一千一百萬美元，由此可見巴拿馬地峽的重要性及潛藏的經濟利益。由於這條鐵路是向哥倫比亞政府申請修築，規定在全線通車後二十年，哥倫比亞政府得以五百萬美金以內的代價收回，於是在二十年後，哥倫比亞政府接受鐵路公司支付一百萬美元及每年繳交二十五萬美元租金的條件，將為期九十九年的承租權讓予美國。

二、巴拿馬運河

雖然鐵路可縮短兩洋之間的交通時間，但開鑿運河的呼聲依然甚囂塵上，法國早在 1878 年即由曾經成功開通蘇伊士運河的公司率先取得巴拿馬運河的開鑿權，但由於當地自然條件惡劣，動工九年，耗盡三億美元資產，依舊失敗，該公司因而宣告破產。1894 年，第二家法國公司收買了前公司的運河所有權及其他財產，繼續開鑿工作，但同樣慘遭失敗。

1902 年，美國國會力圖爭取運河的修築權，一方面與法國公司達成協議，以四千萬美元購買運河的租讓權及其財產，另一方面與哥倫比亞政府談判。1903 年 1 月，美國強迫哥倫比亞簽訂《埃蘭—艾伊條約》(Tratado Herrán-Hay)，條約規定，哥倫比亞政府授權法國公司，得以將其權利和財產售予美國，美國取得穿越地峽寬十公里地帶的全部控制權，租期為九十九年，哥倫比亞可立即得到一千萬美元的現金，條約生效後，每年還可以得到二十五萬美元的租金。對於巴拿馬運河的處置方法，三方的態度各有不同，法國運河公司急於將運河的租讓權售予美國，以彌補巨大的虧損；哥倫比亞方面，因為《埃蘭—艾伊條約》侵犯哥倫比亞的主權，引發全國人民強烈反對，在民意的壓力下，參議院拒絕批准條約，決定拖延到 1910 年再解決；美國參議院則樂見其成，迅速批准該條約，老羅斯福總統則必須面臨兩種選擇，為了運河問題轉而尋求與尼加拉瓜合作，或者不需要再與哥倫比亞進行無謂的交涉而以某種方式介入取得巴拿馬路權。

三、獨立過程

　　巴拿馬地區的民眾，因不滿哥倫比亞處理運河的態度，且不甘心隸屬於哥倫比亞的次等地位，故而喚起當地反動人士早已存在的獨立意識，發動多次獨立運動，美國遂趁機利用巴拿馬內部的分離主義加以煽動。巴拿馬當地政壇代表阿蘭戈 (José Agustín Arango) 組成革命委員會，策動巴拿馬獨立運動，主張直接與美國交涉運河的修築權，除阿蘭戈之外，還有醫生代表阿馬多 (Manuel Amador Guerrero)、軍方代表歐巴力歐 (Nicanor de Obarrio) 將軍和政界代表波伊德 (Federico Boyd) 等人全都參與獨立運動，也得到巴拿馬境內自由黨人的支持，阿馬多更前往美國尋求支援。老羅斯福總統便利用這些機會，透過法國運河公司的老闆 (Philippe-Jean Bunau-Varilla) 與阿馬多合作，製造所謂獨立革命。

　　1903 年 10 月，美國擅自接管法國公司開鑿運河的租讓權後，提供阿馬多五十萬法郎的經費及軍事計畫，並草擬新憲法及獨立宣言。11 月，美國下令將四艘軍艦開抵科隆和巴拿馬市，控制巴拿馬鐵路，切斷哥倫比亞援軍的去路；3 日，阿馬多和阿蘭戈等人宣布組成臨時政府委員會；4 日，成立「巴拿馬共和國」(República de Panamá)，由阿馬多擔任臨時總統，一直到 6 日，巴拿馬獨立的消息才由哥倫比亞駐厄瓜多的基多大使館傳回國內；13 日，美國政府立即承認其政權，法國及美洲、亞洲、歐洲等十五個國家亦陸續承認；18 日，巴拿馬政府與美國簽訂《艾伊－布諾－瓦里亞條約》(Tratado Hay-Bunau-Varilla)，美國保證維護巴拿馬共和國獨立，獲得巴拿馬運河的開鑿權和對運河的「永久租借權」，須一次繳付一千萬美元，以換取運河的承租權，每年另須繳付二十五萬美元租金❼，美國可藉口維持秩序干涉巴拿馬內政，沿河兩岸各五哩劃為「運河區」，美國在此地帶內有駐軍權及使用權。

　　運河於 1904 年正式動工。美國為了重修與哥倫比亞的關係，於

❼ 1933 年調整為四十三萬美元，1955 年再調整為一百九十三萬美元。

1914 年 4 月與哥倫比亞簽訂《湯姆森－烏魯迪亞條約》(*Tratado Thomson-Urrutia*)，條約中哥倫比亞承認巴拿馬獨立，兩國均等使用運河，美國另須支付哥倫比亞二千五百萬美元的補償金。因哥倫比亞要求美國表示歉意，遭到美國國會反對，故該約延後至 1921 年才簽訂。1914 年 8 月 15 日運河完工，從此大幅縮短美國東西海岸間的航程，比繞道合恩角減少了一萬四千八百公里，大大減少了貨物運送的時間及成本。

第九章
詭譎多變的政局

歷經了千日戰爭、失去巴拿馬的重創後，哥倫比亞政黨間互相合作的觀念繼之而起，因而經歷了史上最長的政治穩定期。兩大傳統政黨的和平競爭，也使得經濟發展突飛猛進。

1904 年，雷耶斯將軍當選總統，具體實現兩黨合作的觀念，他身為保守黨人，卻成立一個聯合兩黨成員的政府，希望藉由給予自由黨少數代表權，來減緩兩黨對立的緊張局勢，並且帶來和平；此外，他還實施一連串進步的改革措施，為提高公共投資而推動國家財政改革，建設鐵路及公路，使哥倫比亞邁向現代化及工業化腳步，但隨之而來的是更多的舉債，美元和披索滿天亂飛，造成財政失控，哥倫比亞的歷史學家將此現象稱為「百萬之舞」。

第一節　內憂外患

一、勞工運動

十九世紀後半期，英國人於中美洲地區發現香蕉這種熱帶水果，便以極便宜的價格購入，再高價販售至美國謀取暴利。1890 年代中期，

美國實業家小凱斯 (Minor Cooper Keith) 開始在聖馬爾塔附近收購土地，於 1899 年成立「聯合水果公司」(United Fruit Company)，總部設在波士頓，並且在加勒比海沿岸購買了大筆土地，建立所謂「香蕉飛地」(banana enclaves)❶，也同時買下聖馬爾塔鐵路的股份，鐵路從聖馬爾塔，經過西恩納加、阿拉卡塔卡，到達豐達西翁 (Fundación)，阿拉卡塔卡是該區最炎熱，也最潮濕之處❷。1920 年代中期，哥倫比亞的香蕉區是全世界第三大香蕉輸出地，聯合水果公司因此需要大批勞工建造鐵路、灌溉運河、清理土地、種植作物、收成及搬運水果；另一方面則將拉丁美洲的熱帶水果以商業化經營模式，行銷至全球各地，自此壟斷美洲，甚至全球的香蕉貿易長達一個多世紀，連當地的土地、灌溉系統、電報系統、輸出海港、肉類、冰塊和其他食物等都被壟斷，由於聯合水果公司擁有香蕉園和鐵路運輸，實際上等於控制了區內的九個城鎮，並間接操控當地警方、政界和媒體，進而影響拉丁美洲的政治和經濟局勢。

哥倫比亞的勞工運動始於二十世紀初，當時資本主義工業已初步發展，資產階級和無產階級逐漸形成，尤其自 1920 年代以後工業蓬勃發展，勞工階級開始重視維護自身權益，有組織的勞工運動逐漸增加，並以罷工作為抗爭手段，一時間蔚為風潮，其中較重要的有昆迪納馬卡和艾爾多拉多的鐵路工人罷工、安蒂奧基亞的礦工及紡織工人罷工和卡塔赫納碼頭工人的罷工事件。

1925 年，第二屆全國勞工大會 (II Congreso Nacional Obrero) 宣布成立「全國勞工聯盟」(Confederación Obrera Nacional)，從此勞工運動邁向全國性的組織型態。1926 年，第三屆全國勞工大會中瑪莉

❶飛地是指在本國境內，但卻隸屬另一國的領土，此意謂著聯合水果公司在哥倫比亞境內的香蕉種植園區，建立傾向美國資本主義的勢力。

❷哥倫比亞的香蕉區位於聖馬爾塔以南，往西位於馬格達雷納省的西恩納加 (Ciénaga) 大沼澤和馬格達雷納河之間，北鄰加勒比海和大西洋，東邊是大沼澤和聖馬爾塔雪山，位在山脈西部的寬廣平原和大沼澤之間就是賈西亞‧馬奎斯的故鄉阿拉卡塔卡。

亞‧卡諾 (María de los Ángeles Cano Márquez) 鼓吹勞工罷工，散布社會主義思想，以及積極參與「哥倫比亞社會主義革命黨」(Partido Socialista Revolucionario de Colombia) 的籌備與成立，因為她是哥倫比亞第一位捍衛人民基本民法和雇傭勞工權利的女性，因此被稱為勞工之花。

正當勞工意識逐漸抬頭之時，政府為了增加農業貸款以擴展農產品出口，遂提供聯合水果公司諸多優惠。1928 年，聖馬爾塔地區的香蕉園勞工發動和平抗爭行動，工人們要求假日不工作，由於立場公正，第一次的罷工獲得勝利；數月之後，工會領袖突然到香蕉園區發動有組織的示威行動，工人們抗議住宅區衛生設備不佳、缺乏醫療資源及工作環境太差等問題。關於香蕉園區被剝削勞工的生活，賈西亞‧馬奎斯於《百年孤寂》中，曾巨細靡遺寫道：

> 他們說公司未真正發放薪資，反以臨時購物券代替，工人們只能持券在公司福利社購買維吉尼亞火腿。席根鐸說購物券制度是為了降低公司運送水果商船的成本，若是商船不替公司福利社運送貨物，那麼船隻就會空著由紐奧良開到香蕉港埠而損失利潤。……工程師不裝設盥洗室，只在聖誕節叫人運來溝槽式廁所，五十人共用一間，並公開示範如何才能耐久使用。

1928 年 10 月 30 日，政府通過《69 號法案》，不僅限制工會權利，還將勞工對老闆所提之要求視為犯罪現象，當時工會與聯合水果公司正在進行關於勞工條件的談判，他們向資方要求提高薪資、提供較佳的居住環境和意外事故賠償等，當《69 號法案》公布後，資方便有恃無恐，紛紛企圖規避並拒絕工會提出的要求。12 月 5 日清晨，香蕉園區的三萬多工人宣布罷工，罷工工人在同一天進駐香蕉園，有心的共產主義分子便混入人群中鼓譟，大肆破壞，散播罷工行動將危害國家安定的耳語，其中三千名工人占領了西恩納加廣場，因為控制了西恩

納加就等於控制了整個香蕉園的鐵路運輸。事發後，阿巴迪亞 (Miguel Abadía Méndez) 總統便派遣巴爾加斯 (Carlos Cortés Vargas) 將軍到該區協調，巴爾加斯將軍表面上願意接受協商團在工人和公司間的協調❸，暗地裡則支持聯合水果公司，早已準備發動軍隊，以血腥鎮壓方式驅散抗議人群；12 月 6 日，雙方於西恩納加火車站發生流血衝突，軍方以機關槍掃射手無寸鐵的工人，死亡人數至今仍眾說紛紜，有人說死了四、五百人，也有傳言說死亡人數超過一千人，甚至三千人，史稱為「香蕉工人大屠殺事件」(Masacre de las Bananeras)。此一事件揭露了哥倫比亞勞工長年處於悲慘的處境，對當時社會造成的衝擊和影響很大，引發數起政治衝突，並成為哥倫比亞歷史上最具爭議性的事件之一；由於事發地點就在賈西亞‧馬奎斯的出生地，也是他出生後一年，而他外公又曾親身參與，因此就成為賈西亞‧馬奎斯《百年孤寂》書中第十五章的背景：

> 大罷工爆發了，香蕉未經採摘而腐爛在樹上，一百二十節列車停在鐵軌上，鎮上擠滿了閒蕩的工人。……星期五清早，火車站附近聚集了許多人，席根鐸也在人群中，他看見軍隊在廣場角落架設重機槍，大約十二點鐘，三千名工人、婦女和小孩在車站等候，火車沒有來，他們漸漸向站前廣場移動，然而街道已被一排排機關槍封閉去路。一名陸軍中尉於廣場宣讀巴爾加斯將軍簽署的告示：「罷工分子是一群惡棍，授權軍隊開槍射殺。」
>
> 上尉下令開槍，十四挺機關槍立刻射擊，四邊周

圍被射中的人像剪洋蔥般地倒在地上……席根鐸臉孔朝下躺在一列寂靜的火車裡，他才發現自己躺在死人堆裡，火車裡的屍體像疊香蕉般堆放在一起，數不清的屍體被扔到海裡。

　　1929 年，自由黨新生代領袖蓋坦 (Jorge Eliécer Gaitán Ayala) 發起調查該起事件的原委❹，並且向國會提出報告，此後一直成為自由黨藉此批評政府的理由。

　　1920 年代左右哥倫比亞的咖啡出口價格達到頂峰，投入基礎建設的資金亦相對提升，可惜的是未能有效改善生產條件及工作環境。1929 年至 1932 年的全世界經濟大蕭條，哥倫比亞咖啡、石油和香蕉的價格均急劇暴跌，進口銳減，生產衰退，財政收入減少，失業人口增加，人民生活困苦不堪，城市勞工要求合理的薪資和工作環境，農民則要求更公平的土地分配，經濟崩潰最直接衝擊到政治發展，再加上 1928 年發生的「香蕉工人大屠殺事件」，使得保守黨政府失去人民的信任。

　　1930 年，自由黨候選人歐拉亞 (Enrique Olaya Herrera) 贏得總統大選，這是自 1884 年保守黨長期執政之後，自由黨重新奪回政權的一刻，此後一直到 1946 年為止，始終由自由黨掌管政權。1934 年，代表工業資產階級的洛佩茲 (Alfonso López Pumarejo) 當選總統，任用一些年輕部長，進行全面改革。新政府頒布《勞工法》，實施失業救濟，正視勞工權益，允許勞工有組織工會的權利，規定八小時工作制，每週工作四十八小時，發給工人補助金，實行失業救濟，工人有權罷工等。1936 年成立哥倫比亞史上第一個重要的勞工組織──「哥倫比亞勞工聯合會」(Confederación de Trabajadores

❹蓋坦是哥倫比亞當時最有影響力的自由黨左翼領袖，1933 年 4 月，以蓋坦為首的左翼分子組成「全國革命左派聯盟」(Unión Nacional Izquierdista Revolucionaria, UNIR)，提出對外反對帝國主義，對內主張國有化和將土地分配給農民，提出對現存社會進行激烈改革的主張，因而深獲民眾支持。蓋坦運動在第二次世界大戰期間和戰後初期是當時一支異常活躍的民主力量，以民粹主義為代表，反映工業資產階級要求的改良主義思潮，後因領袖蓋坦於 1948 年 4 月 9 日被暗殺而停止活動。

Colombianos, CTC），企圖將勞工組織變為自由黨的勢力之一，減緩社會矛盾。同年，自由黨政府進行修憲，政治方面：明確採用三權分立的政治制度，規定總統和議員直接民選，實行男子普選權，外來移民可享受公民權，婦女可進入政府機關工作；經濟方面：國家有權干預經濟生活，進行稅收改革，對不動產徵收直接稅，調解勞資衝突以促進生產發展，促使社會財富分配合理化，推動農業發展，尤其以大筆資金和技術扶助咖啡業；宗教方面：廢除羅馬天主教為國教的規定，取消教會財產的免稅權，限制並剝奪天主教對教育的壟斷權。

保守黨為在勞工界取得與自由黨抗衡的力量，便支持成立於 1946 年的「哥倫比亞勞工聯盟」(Unión de Trabajadores de Colombia, UTC)。

二、土地糾紛

殖民時期因西班牙王室將土地贈給有功的征服者，再加上缺乏有制度的土地測量，不重視土地所有權和非法侵占土地，使得哥倫比亞的土地分配十分不平均。長期以來，國內一直盛行大莊園制，大地主都依賴勞工耕種，剝削他們的生產所得，從而累積大量財富，地主只要控制了土地就能掌握土地帶來的附加價值，他們是各地最有勢力的團體，可擁有大筆土地以作為爭取政治權力的支柱，不僅在領地內享有統治權，其影響力還擴及所屬的村莊，連當地的法官或警察都蒙受其惠，進而控制全國的政治、經濟和社會，甚至政黨的基礎都源自於此。

然而，土地高度集中於少數地主手中，造成的後果是大量土地被閒置，真正依賴土地維生的數以萬計小農卻僅有零星貧瘠的土地，這種極端不平等的現象，再加上政府無法有效進行土地改革，導致日後土地衝突日益擴大。

十九世紀後半期，由於工業國家對咖啡、香蕉和牛肉等的需求日益增加，使得哥倫比亞農民紛紛投入生產這些作物的行列中，造成大莊園勞力短缺，莊園主便以卑劣的手法迫使已經占有公有土地的小農

152

們成為他們的佃農為其賣命。

　　1930 年代，莊園制度成為地主與農民、農民與農民衝突的主要原因，衝突點在於地主趁機加強對生產的控制，要求更多勞力和土地，而由於農村人口快速成長，農民對土地的需求迫增，使他們不得不入侵莊園，並抵抗任何企圖將他們逐出租地或削減其工作的活動。洛佩茲總統推行的土地改革法，規定國家沒收閒置的大莊園，認定有效占用土地便是擁有土地所有權，亦即凡是已耕種小塊土地達十年的農民便有權獲得土地，此舉無異認可成千上萬私占土地的農民權利，否定地主對那些未曾有效使用土地的所有權，試圖轉變土地資本主義者的結構，頓時造成社會一股侵占土地之風，對當時的影響最大。雖然自由黨政府為鼓勵使用公有土地，實施耕者有其田制度，可惜這項措施卻不為大莊園主所重視，因此在生產咖啡的安地斯山區和聯合水果公司的香蕉園區常發生農民聯合抗爭的行動。

三、黨派之爭

　　自由黨政府激烈的改革行動引發保守黨領袖戈麥茲 (Laureano Eleuterio Gómez Castro)、天主教會和大地主的強烈反彈，戈麥茲遂趁勢與大資產階級和地主寡頭勢力結盟，向自由黨改革派發起猛烈進攻。二十世紀初，上一世紀的中央集權派和聯邦主義派之爭已逐漸消失，新的爭執點是國家在經濟發展方面所扮演的角色，一些自由黨人士認為國家應該介入經濟發展以及控制社會變化，藉由為國家尋求新角色而做改變；保守黨歷史學派希望召喚民眾一起緬懷過往，欲重返西班牙十六世紀的榮耀；自由黨溫和派和保守黨溫和派則贊成維持現狀，並且主張國家不要主導經濟發展。由於兩黨的中間派往往與他們所屬政黨的極端派意見相左，容易造成黨內內訌，也證明哥倫比亞政黨派系衝突十分嚴重，無論保守黨或自由黨執政，都因維護自身利益而漠視勞工、農民等弱勢團體的福祉，造成社會基層動盪不安，長久累積下來的不滿情緒，只待觸動一個引爆點，便一發不可收拾。

四、外交衝突

二十世紀初，哥倫比亞除了失去巴拿馬省之外，與早年同屬於大哥倫比亞共和國的委內瑞拉、厄瓜多也因邊界問題而引發紛爭，尤其自 1831 年共和國解體之後，分成三個獨立國家，原本屬於內部行政區域劃分的問題，頓時成為國與國之間的領土糾紛，並升格為國際事件。

哥倫比亞和委內瑞拉都秉持「占有」原則，以原來西班牙殖民地內部行政邊界來確定兩國之間的邊界，委內瑞拉認為其疆界的全部範圍乃是以存在於 1810 年之前的「委內瑞拉總督管轄區」(Capitanía General de Venezuela) 領域為準；哥倫比亞則認為應把 1810 年的西班牙殖民地內部行政分界線作為與委內瑞拉兩國的邊界，自十九世紀末雙方曾就邊界問題數度談判，也幾度中斷外交關係，甚至還請西班牙王室、瑞士聯邦委員會仲裁，才在 1932 年簽訂最終的邊界條約。

1832 年，哥倫比亞單方面宣布依照西班牙統治時期內部行政分界線作為與厄瓜多的邊界線，此後大約一百年間，兩國對於邊界的具體位置和走向均未達成共識。經過冗長的談判，兩國於 1916 年在波哥大簽訂邊界條約，作出詳細規定，並進行為時二年的勘界立標工作，確定兩國之間的邊界。

1922 年，哥倫比亞和秘魯之間亦發生一些邊境衝突，雙方簽訂《所羅門—羅薩諾條約》(*Tratado Salomón-Lozano*)，哥倫比亞有權使用亞馬遜河，秘魯則將位於哥倫比亞、秘魯、巴西三國交界處、盛產橡膠的邊境城市萊蒂西亞及其周邊地區割讓予哥倫比亞，因此萊蒂西亞便成為哥倫比亞最南端的城市，亞馬遜省的首府。由於熱帶雨林盛產木材、樹脂和橡膠，蘊藏龐大商機，此條約的簽訂雖然解決了兩國將近一個世紀的邊境問題，卻也使得秘魯經濟蒙受不少損失。1932 年 9 月 1 日，來自秘魯橡膠和製糖業的商界領袖，因不滿土地轉讓給哥倫比亞所導致的經濟損失，憤而組織武裝軍隊接管萊蒂西亞，此舉立即激發哥倫比亞人的愛國意識，他們不願重蹈失去巴拿馬覆轍，雙方軍隊於

萊蒂西亞發生軍事衝突。1933 年 2 月 18 日，哥倫比亞駐秘魯首都利馬的大使館遭到攻擊，迫使哥倫比亞大使逃亡；4 月，秘魯總統貝納比德斯 (Oscar Raimundo Benavides Larrea) 試圖與哥倫比亞政府重新談判，恢復友好關係。1934 年 5 月，雙方正式簽訂和平協議，秘魯將萊蒂西亞交還哥倫比亞，並對 1932 年的入侵事件正式道歉，承諾在該地實行非軍事化，給予哥倫比亞在亞馬遜河和普圖馬約河 (Río Putumayo) 的自由航行權及互不侵犯。

　　哥倫比亞與中美洲的尼加拉瓜因對加勒比海沿岸及島域主權的認知不同，數度發生爭執。聖安德烈斯─普羅畢登西亞群島是哥倫比亞在加勒比海的一個監督管轄區，由聖安德烈斯島、普羅畢登西亞島以及附近三個小礁島組成，位在尼加拉瓜以東海域，南距卡塔赫納七百一十公里。該群島原本不是西班牙人主要感興趣的殖民地，於是 1629 年英國人開始在此設立據點，從牙買加遷入農民、伐木工人和黑人，西班牙人直到 1641 年才大舉攻占普羅畢登西亞島，迫使已定居在該島的英國移民遷移至蚊子海岸 (Costa de Mosquitos)❺。1803 年 11 月 20 日，西班牙王室頒布《皇家憲章》(La Cédula Real)，將聖安德烈斯─普羅畢登西亞群島列入波哥大檢審庭的管轄範圍。大哥倫比亞共和國獨立之後，於 1821 年的《古古達憲法》中確認這些島嶼的主權；之後，1823 年由墨西哥獨立出來的中美洲聯合省 (Provincias Unidas del Centro de América) 亦宣誓在蚊子海岸及其島嶼的主權，此後雙方對該海域的主權時有紛爭。1928 年，兩國簽訂《艾斯戈拉─巴塞納斯條約》(Tratado Esguerra-Bárcenas)❻，哥倫比亞承認尼加拉瓜在蚊子

❺指介於尼加拉瓜北端瀕臨加勒比海的「感謝主岬角」(Cabo Gracias a Dios) 至巴拿馬東部的恰葛雷斯河 (Río Chagres) 之間的海岸。

❻ 1930 年兩國始批准。

海岸的主權，其海岸線自感謝主岬角至聖約翰河 (Río San Juan)，另外也承認在大曼格雷島 (Isla de Mangle Grande) 和小曼格雷島 (Isla de Mangle Chico) 的主權。另一方面，尼加拉瓜則承認哥倫比亞對聖安德烈斯一普羅畢登西亞群島的主權。

第二節　波哥大暴動

一、暴動背景

巴拿馬獨立之後，哥倫比亞政治局面開始進入一個較之前穩定的階段，兩黨均小心翼翼地維護國家風雨飄搖的和平，一直持續了約四十五年，直到波哥大事件爆發，再度引起兩黨失控。

二次大戰後，哥倫比亞經濟完全被外國資本所壟斷，尤其受到美國資本的控制最深，「艾克森美孚公司」(Exxon Mobil Companies) 控制哥倫比亞大部分石油生產❼，聯合水果公司控制著香蕉的價格，美國還控制了哥倫比亞大部分的對外貿易。1946 年 5 月的總統選舉，因改革理念不同，自由黨出現兩名總統候選人，一個是從事群眾運動、深受自由黨內中產階級和勞工支持的蓋坦，另一個則是深受官僚們支持的杜爾巴伊 (Gabriel Turbay Abunader)，選舉結果由保守黨的小歐斯畢納 (Luis Mariano Ospina Pérez) 獲勝❽。

小歐斯畢納為維持國家安定而成立一個兩黨共治的「國家聯盟」(Unión Nacional) 聯合內閣，實際上小歐斯畢納儼然成為美國和大資產階級的代言人，實施保守獨裁政策。1947 年 5 月，勞工階級為了要求提高薪資，

❼艾克森美孚公司是世界領先的石油和石化公司，也是全世界最大的民營天然氣經銷商和煉油商之一，由約翰‧洛克菲勒 (John Davison Rockefeller) 於 1882 年創建，總部設在美國德州愛文市。

❽小歐斯畢納出身於政治世家，祖父老歐斯畢納及伯父湯瑪士‧歐斯畢納 (Pedro Nel Ignacio Tomás de Villanueva Ospina Vázquez) 曾分別於 1857～1861 年、1922～1926 年間擔任哥倫比亞總統。

改善工作條件以及實施社會改革，掀起一場聲勢浩大的罷工運動，參加罷工的工人占全國勞工百分之六十以上，小歐斯畢納不惜實施雷厲風行的血腥鎮壓手段，造成上萬人死亡及流離失所。面對當時的社會情況，蓋坦提出建立自主國家，反對寡頭統治、經濟壟斷、外來干涉，要求社會改革，保障工人、農民和婦女的權利，他的主張得到群眾支持和擁護，使其成為自由黨內唯一的領導人，也被視為下一屆總統大選的自由黨唯一候選人，是哥倫比亞二十世紀最具魅力的政治人物、無產階級和城市中下階級的英雄，他的聲望及高支持度在在引起保守黨政府的不安與敵視。當時與蓋坦相抗衡的保守黨領袖戈麥茲是一極端保守派人士，對自由黨一向存有偏見，他主張採取暴力方式鎮壓勞工運動、禁止結盟、杜絕自由黨的反抗，雙方對立的情況越發不可收拾，1948 年 3 月，蓋坦率領自由黨退出國家聯盟。

　　1948 年，第九屆泛美聯盟會議 (IX Conferencia Internacional Americana) 於波哥大召開，4 月訂立了眾所周知的《波哥大協議》(*Pacto de Bogotá*)，並根據協議的內容成立「美洲國家組織」(Organización de los Estados Americanos) ❾，取代「泛美聯盟」(Unión Panamericana) ❿，美洲國家同意由和平方式解決美洲紛爭，美國代表馬歇爾 (George Catlett Marshall) 於會中推動聯合美洲國家共同對抗共產主義的協議。美國藉由透過哥倫比亞加強對拉丁美洲國家控制的意圖，引起哥倫比亞全國人民的不滿，蓋坦更譴責美國對哥倫比亞人民的剝削和干涉內政。正當與會各國政府慶祝美洲國家達成共識的同時，波哥大也正在舉行一場由拉丁美洲大學生組成的政治會議——反帝國、反殖民學生大會，學生

❾ 美洲國家組織的宗旨包括：加強美洲大陸的和平與安全；確保成員國之間和平解決爭端；成員國遭侵略時，組織聲援行動；謀求解決成員國之間的政治、經濟、法律問題；促進各國經濟、社會、文化的合作；加速美洲國家一體化進程。

❿ 泛美聯盟源自於玻利瓦於 1826 年所召開的「巴拿馬會議」(Congreso de Panamá)，當時的代表有哥倫比亞、瓜地馬拉、墨西哥、秘魯和美國。1889 至 1954 年間總共舉辦過十屆會議，分別於秘魯利馬 (Lima)、智利聖地牙哥 (Santiago)、烏拉圭蒙得維的亞和阿根廷布宜諾斯艾利斯 (Buenos Aires) 等地召開，

會議主要討論政治問題。

❶蓋坦被殺當日，
兩人約好下午要
再會面，保守黨政
府懷疑卡斯楚不
是涉入謀殺計畫，
就是預謀顛覆泛
美會議，挑撥起
義，抑或兩者皆
有，因而被哥倫比
亞政府列入追捕
的名單之中，後來
他到古巴大使館
避難，最後被送回
哈瓦那，卡斯楚親
身體驗到群眾運
動的力量，對他後
來的政治理念影
響很大。

們利用泛美聯盟會議的契機，散發反美帝國主義的傳單，結果引起政府不滿，當時就讀於哈瓦那大學的卡斯楚 (Fidel Castro) 也參與其中，4 月 7 日，卡斯楚甚至親自訪問了哥倫比亞自由黨領導人蓋坦❶。

就在泛美聯盟會議開始後幾天，4 月 9 日，蓋坦於光天化日下被人暗殺於波哥大市區，自由黨堅稱這起暗殺事件是保守黨所策劃，城市貧民、中產階級為了渲洩怒火，紛紛奪取軍隊武器，欲替蓋坦報仇，他們主張占領總統府，罷免總統，大學生和激進主義者聯合攻占市內廣播電臺，將蓋坦被殺害的消息傳播到全國各地，號召農民一起進行哥倫比亞最偉大的革命；自由黨趁勢利用民眾的不滿加以煽動，因而引發全國的抗議浪潮。結果當天，波哥大爆發大規模罷工，甚至演變成武裝暴動，政府宣布進入圍城狀態，調派軍隊對肇事民眾沿街掃射，市中心起火燃燒，大學關閉。由於兩黨在農村都有特定的農民支持，暴動便迅速地從首都波哥大蔓延至鄉村，許多學生在混亂中被捕，估計約造成二千五百多人死亡，是西方歷史發展中最血腥的衝突事件之一，史稱「波哥大暴動」(El Bogotazo)。

二、暴動時期（1948～1957 年）

波哥大暴動後，益發使得政府決心實施獨裁統治，小歐斯畢納總統為了維持其搖搖欲墜的統權，不得不假借成立保守黨與自由黨的聯合政府來安撫人民，1949年自由黨再度退出聯合政府。同年 6 月，舉行國會大選，自由黨以十三萬票差距擊敗保守黨成為國會的多數黨，國會通過將總統大選從原定的 1950 年 6 月 5 日提前至 1949 年 11 月 27 日舉行，這項決議遭小歐斯畢納總統

否決，但是自由黨占優勢的最高法院又否決總統的決定。1949 年 9 月，在國會重新討論此問題時，一名自由黨議員被殺害，使得兩黨的武裝衝突一發不可收拾，再度回到過去水火不容的形勢，小歐斯畢納下令關閉國會、全國戒嚴、禁止集會、實施出版品和傳播媒體檢查制度，在群眾的壓力下，政府被迫提前舉行大選，結果由保守黨戈麥茲當選總統，暴動更加變本加厲。

戈麥茲甫上臺，便採取以暴制暴的鎮壓方式，宣稱波哥大暴動是由共產黨所策劃，企圖使哥倫比亞成為法西斯國家。當時國際間因共產黨勢力不斷壯大，國內外人士無不憂心其發展，因而將戈麥茲政府的鎮壓行動視為合理，反革命暴力行為達到頂點，在其執政的三年中，全國有十萬人被殺害，至少三十萬人被迫流亡海外。政府為了剷除異己無不實施殘忍恐怖的手段，集體屠殺和焦土戰術更時有所聞，成千上萬受害的農民被迫放棄他們的家園，紛紛出走避難，遺棄的土地則落入一群投機的新興商人手中，民眾為求自保組成游擊隊，以此作為復仇的工具，於是在 1949 年出現了哥倫比亞最早的游擊隊反暴力活動，此後游擊隊與政府軍的全面性戰鬥陸續在全國各地展開，游擊隊的出現使得暴動由原先零星的衝突轉變為戰爭型態，這段時期全國各地均處於無政府狀態。

暴動的持續擴大非兩黨菁英所樂見，戈麥茲政府又無力結束暴動行為，兩黨首次達成共識，於 1953 年 6 月 13 日共同支持羅哈斯 (Gustavo Rojas Pinilla) 將軍發動政變，推翻戈麥茲政府，這是哥倫比亞於二十世紀中的第一次軍事政變。

為結束無政府狀態，羅哈斯上臺後，立即宣布終止對游擊隊的一切軍事行動，實行全面大赦，取消新聞檢查，釋放政治犯，頓時燃起人民對於迅速終結暴動的希望。同時間，由於國際市場的咖啡價格上漲，出口收入增加，經濟形勢有所好轉，政府便著手興建幾項大型公共工程。羅哈斯開始效仿阿根廷貝隆總統 (Juan Domingo Perón) 實施民粹主義，進行社會改革，並且成立「全國社會救濟祕書處」(Secretaría

Nacional de Asistencia Social, SENDAS)，由他女兒瑪莉亞 (María Eugenia Rojas) 擔任主任，解決失業及貧窮問題，但卻成效不彰。為了得到非傳統政黨的支持，羅哈斯以提高軍人待遇和建造高級軍官俱樂部來拉攏軍人，並且試圖培植農民和勞工為第三勢力，此舉無疑激怒了兩黨的政治菁英。

1954 年，暴動再度惡化，羅哈斯下令停止國會活動，實行軍事獨裁，在所有城市和村鎮駐紮軍隊，由指揮官兼掌地方政權，加強軍警人員的鎮壓行動，恢復新聞檢查制度，關閉數家新聞媒體，下達凡是批評總統者將遭監禁或罰款的命令，取消之前的社會改革措施，派軍隊鎮壓農民抗爭運動或游擊隊活動，例如以飛機轟炸托利馬 (Tolima) 東部和蘇馬帕茲 (Sumapaz)，投擲汽油彈，燒毀村莊。軍政府不僅失去民眾支持，更使得大赦效果全失，原先有意放下武器的游擊隊，在目睹政府的鎮壓行動後，更加深對政府的不信任，而不願解散游擊隊；軍隊的介入雖然結束了暴亂，也使得正在增長的經濟成果受到阻礙，特別是妨礙了咖啡工業，而咖啡工業是保守派和自由派莊園主的主要經濟依靠，於是人們對羅哈斯的支持開始瓦解，工人罷工，商人罷市，街頭抗爭運動不斷。全國重新陷入混亂局面，兩黨亦開始積極尋求和解之道。

從波哥大暴動到羅哈斯下臺為止，是哥倫比亞長達十年的「暴動時期」(La Violencia，1948～1957 年)，這段期間的受難者多達三十萬人，其中又以農民居多數。

第三節　國家陣線（1958～1973 年）

一、時代意義

當兩黨領袖發現羅哈斯總統企圖建立第三勢力與之抗衡時，兩黨竟出乎意料的攜手合作，1956 年，兩位前總統——自由黨領袖葉拉斯

(Alberto Lleras Camargo) 與保守黨領袖戈麥茲——於西班牙達成《貝尼丹協議》(*Acuerdo de Benidorm*)，雙方達成的共識為：兩黨共同採取行動，使哥倫比亞盡快恢復文人治理，譴責暴力，建立聯合政府。1957 年 5 月，兩黨付諸行動，聯合領導一個反羅哈斯的示威遊行，宣布舉行全國性罷工，迫使羅哈斯流亡西班牙，兩個月後，雙方再度於西班牙共同簽署《西黑斯及貝尼丹協議》(*Pacto de Sitges y Benidorm*)，協議未來十二年由兩黨組成的「國家陣線」(Frente Nacional) 輪流執政，總統由兩黨候選人每四年輪流擔任，國會和行政機關的席次或人數也是共同分配，只有兩黨候選人才得以參選，並確定由保守黨人擔任國家陣線的第一屆總統。

羅哈斯將軍被推翻意味著在兩黨主控下根本無法建立另一股政治勢力，國家陣線的建立改變了哥倫比亞自獨立後一百多年的政治風貌，以往兩黨為爭權奪利而發動的群眾暴力衝突已不復見，終結了每逢選舉便產生的兩黨血腥衝突，代表著暴力時期結束，政治和解和國內和平的時代已來臨，開啟了哥倫比亞穩定的政治局面，有利於經濟發展和社會進步。然而，國家陣線也意味著兩黨獨攬政治大權，排除其他政黨勢力，藉由合法的方式分配兩黨平等的政治權力，確保兩黨菁英在政治、經濟和社會方面的優勢地位，同時承認教會不可侵犯的地位及保障軍隊的獨立自主。

由於國家陣線保障兩黨的政治霸權地位，新興政治勢力無法參與政治，使得人民對於政治不再像以往抱有熱忱，政治參與度不復以往；另一方面，以往兩黨對立的情形已消失，每四年輪流執政代表著兩黨候選人必須擺平黨內不同的聲浪，並尋求黨內一致的支持，才得以執政，因此黨內派系爭奪的情形益發嚴重。

二、兩黨合作

1958 年的選舉中，因為保守黨對提名候選人的意見無法一致，便由自由黨的葉拉斯出馬角逐總統。葉拉斯當選國家陣線第一任總統

（1958～1962年）之後，即重申兩黨的對等地位，成立國家計畫局，同年12月1日，舉行公民投票，百分之九十五的民眾投票通過憲法修正案，肯定兩黨所達成的協議；依此，國家陣線的存在有其正當性。1960年將國家陣線執政時間由十二年延長至十六年，並實施《土地改革法》，順利地實行全國經濟發展計畫。

歷經長達十年的暴亂，全國基礎建設幾被破壞殆盡，國家陣線初期的首要任務是實施城市軍事行動，軍人奉命修復遭到破壞的鐵路、學校和醫療院所，軍醫被編派至偏遠的農村義診，藉以挽回農民對政府的信心。另外一個得到的附加好處是宗教問題比暴動遺毒消失得快，新教徒不再因為政治或宗教因素而遭受不平等待遇，許多加諸在新教徒活動的限制也隨之解除，天主教徒和新教徒彼此間發自真心的寬容亦逐漸蔓延。

暴動完全揭露農村生活的缺點，更加凸顯某些特定地區爭奪土地的衝突和農民缺乏完善的教育等問題，而且自從1930年代洛佩茲政府的農業改革失敗以來，一直處於疲憊不振狀態，國家陣線便打著農業改革的旗幟，以建立繁榮的農民階級為口號，開始著手土地改革，合理分配閒置土地，將徵收來的私有土地分配給農民。發展經濟也成為此時期努力的目標之一，為了克服咖啡單一出口經濟的弱點，國家陣線政府實行進口替代工業方針，發展本國製造業，以逐步改變國家的經濟結構。

經濟的不穩定和社會的緊張局面在1962年的總統選舉展露無疑，當時有選舉權的人中大約只有半數人參與投票，結果由保守黨巴倫西亞 (Guillermo León Valencia Muñóz) 當選總統（1962～1966年）。巴倫西亞甫上任就面對自1905年以來最猛烈的通貨膨脹，之後三年，政府實施嚴厲的緊縮通貨政策，失業率增加，致使更多的哥倫比亞人反對國家陣線。1964年的國會選舉，只有不到百分之四十的選民參加投票。

1966年8月，自由黨葉拉斯家族的卡洛斯 (Carlos Lleras Restrepo)❷就任總統（1966～1970年），通貨膨脹問題和失業率節節上

升的困境使得卡洛斯於 1967 年 3 月頒布《四百四十四號法案》(*Decreto Ley* 444)，將國內披索以極微小的幅度貶值，促使非傳統產品出口增加，推動民族工業和發展國民經濟。1968 年，政府又進行憲法改革，加強國家對經濟的干預和調節，授予政府靈活管理財政、實施國家預算和改革對外貿易制度的權力，結合進口替代和促進出口，透過貸款和投資，大力扶持私人資本，政府充分授權給全國咖啡業主聯盟來管理國家最重要的咖啡事業，由「全國工業聯盟」(Asociación Nacional de Industriales, ANDI) 主導工業政策或是經濟政策。卡洛斯將經濟恢復到一個穩固的基礎，大力推行政治改革，使得國家陣線益發形成一個由保守黨和自由黨寡頭統治的壟斷勢力。

為了與國家陣線抗衡，前總統羅哈斯於 1961 年成立「全國人民聯盟」(Alianza Nacional Popular, ANAPO)，後來與「自由革命運動」(Movimiento Revolucionario Liberal, MRL)❸結合，成為反對國家陣線的政黨，自成軍以來，無論在議會選舉或成員中都逐漸壯大，甚至成為第三大黨，繼而使得羅哈斯於 1970 年的總統選舉中代表全國人民聯盟捲土重來。由於當時從鄉村來到城市的移民迅速增加，新的城市利益集團——特別是中產階級和下層的勞動階級——與兩大政黨關係薄弱，認為兩黨並不能代表他們的利益，於是很多城市選民投票時強烈反對國家陣線，轉而支持羅哈斯。羅哈斯就像過去的蓋坦一樣，替他們向政府尋求解決失業和生活困境等訴求，選舉結果出爐，國家陣線支持的保守黨候選人老帕斯特拉納 (Misael Pastrana Borrero) 得到百分之四十‧六的選票，羅哈斯得到百分之三十九的選票，由於雙方

❶ 他是前總統萊拉斯的姪子。

❸ 自由革命運動是由自由黨羅培茲 (Alfonso López Michelsen) 所領導反對國家陣線的運動，得到哥倫比亞共產黨 (Partido Comunista de Colombia, PCC) 的支持，主張廢除國家陣線長期以來兩黨輪流執政的習慣。

差距過小，全國各地，尤其是南部的納里紐省又發現舞弊事件，讓人不得不認為那是一場騙人的選舉，卡洛斯總統立即實施宵禁，宣布老帕斯特拉納當選總統 (1970～1974 年)，一群失望的全國人民聯盟支持者遂於 1974 年初成立「四一九運動」(Movimiento 19 de Abril, M-19) 游擊隊。

第十章
亂象起源

　　1960 年代末，當哥倫比亞正在享受著經濟現代化及政治休兵的果實時，拉丁美洲其他國家興起的共產主義革命旋風，影響了哥倫比亞游擊隊的組成。游擊組織為了控制農村地區，不時進行武力騷擾和破壞行動，哥倫比亞從那時開始，長期遭受血腥的內部武裝衝突，也因為生產禁藥、綁架和謀殺案件層出不窮而變得惡名昭彰。1990 年代中期至今，數個武裝團體每年犯下三千起綁架案，還有數百起殘殺案，1995 年至 2005 年間，記者、勞工領袖或是人權觀察員遭謀殺的比例居全球最高，且毒品使用率、洗錢問題、全球毒品交易網絡等影響層面擴及全世界，戰亂已經迫使超過數十萬人口遠離家園，大多數流離失所者來自貧困的農村，婦女和兒童便占了百分之七十以上，他們逃到城市過著赤貧生活，十五歲以下的兒童多被吸收加入游擊隊和準軍事組織。

第一節　游擊隊暴動滋事

　　哥倫比亞是南美洲最早出現共產黨及受游擊隊荼毒最深的國家，1940 年代波哥大暴動引發保守黨和自由黨在農村的擁護者發生暴動

後，一直受到游擊隊的困擾。大部分游擊隊領導者來自波哥大暴動中實際參與行動的人，理想幻滅的自由派人士在鄉間成立自己的獨立社區，有錢的地主因害怕政變而開始募集軍隊和護衛隊，他們占地自據，形成許多游擊隊占領區，也成為逃避政府恐怖統治的避難中心，占領區內有自己的法令，禁止實施焦土政策或拷打敵人，特別保護兒童及年長者。

　　早期的游擊隊員是有紀律、有理想、充滿革命熱情的鬥士，懷抱著推翻社會不公平現象的正義感，後來則變質為從事販毒、綁架、勒索等非法勾當，只求謀取豐厚利益的野心團體。游擊隊的武裝行動是對現存秩序的挑戰，不僅引起社會動盪不安，而且可能使國內的民主政治受到挑戰，政府雖極力促成與游擊組織和談，但囿於雙方共識差距過大，所以至今仍無法和睦相處，而軍隊、游擊隊、販毒組織和準軍事組織的存在已將邊境地區變成恐怖的戰場。

　　為了逃避貧窮及失業的困境，有些游擊隊員可以領到不錯的薪水來扶養家庭，對於血氣方剛的青年男女們而言，十分同意以武力解決社會問題；事實上，經年累月下來，已有許多哥倫比亞人視戰爭為生活的一部分。自 1992 年以來，在哥倫比亞因政治事件而被謀殺的人數，從四千四百人升高至 1997 年的六千多人，令人震驚的是孩童的死亡率也大幅上升。根據統計，1996 年有四千三百二十二名兒童死於戰亂，死亡率在短短兩年內上升百分之四十；同年，聯合國秘書長為了研究「武裝衝突對兒童的影響」，便派人赴哥倫比亞烏拉霸地區的一個飽受戰火蹂躪超過三十年的阿帕塔度小鎮調查，當時來自烏拉霸各鄉鎮的數千名年輕人藉由寫詩、信箋、故事和繪圖來表達戰區的生活經驗，並共同草擬《阿帕塔度孩童宣言》(*Declaration of the Children of Apartadó*)，表達祈求和平的願望。

一、產生背景

　　大體上，哥倫比亞游擊隊發生的原因與以下因素有關：

1. 兩黨長期壟斷資源

由於國家陣線僅保障少數兩黨菁英的政治、經濟權力，多數人民及政治團體根本無法參與政治，當各階層利益及心聲無法得到適當反映時，罷工、示威抗議及武裝暴力運動便層出不窮，使得已有長期暴動歷史的哥倫比亞，迅速成為游擊隊發展的溫床。

2. 農業改革成效不彰

農民長久累積了不滿的情緒，再加上左派團體煽動，以致迅速在土地糾紛嚴重的地區擴散開來，並且得到農民支持。然而，並非所有農民都支持游擊隊的暴力路線，尤其當整個地區成為軍隊鎮壓和實施軍事行動的目標時，農民認為游擊隊的出現是造成他們困境的主要原因。

3. 經濟現代化的後果

1950 年代末至 1960 年代初，哥倫比亞經濟出現已開發和低度開發的差別，而且財富分配極度不均，政治、經濟情況都有利於發展馬克思—列寧的革命路線。

4. 卡斯楚政權的出現

1959 年，卡斯楚領導大鬍子游擊隊革命成功，推翻巴蒂斯達 (Fulgencio Batista) 長達二十五年的獨裁統治，卡斯楚不吝於對外輸出古巴革命成功經驗，緊接著尼加拉瓜革命成功和蘇聯開始支持解放運動，這些都帶給哥倫比亞游擊隊和革命分子前所未有的鼓舞和機會，無論在戰略、武器供應、意識型態，或是人員訓練都得到支援，認為走左派路線也許有助於本身的發展，因此積極爭取學生、勞工和激進中產階級的支持。

5. 格瓦拉 (Che Guevara)❶的游擊中心理論

格瓦拉於古巴革命勝利之後積極散播游擊革命論

❶格瓦拉出生於阿根廷，於墨西哥結識卡斯楚後，因理念相同，兩人共組游擊隊，推翻古巴巴蒂斯達獨裁政權。

圖 37：哥倫比亞勢力最大的游擊隊——哥倫比亞革命武裝部隊 估計成員約有一萬二千至一萬八千人。

點，呼籲農民參與抗爭，強調拉丁美洲國家進行革命的條件已臻成熟，應立即發動革命，武裝鬥爭應從游擊戰開始，領導者和參加者都必須加入游擊隊，在山區建立游擊中心，打擊敵人，吸引群眾參加，當隊伍擴大後，再組另一個游擊中心，如此循環不息，以奪取政權。

二、主要游擊隊

1960 年代以後，游擊隊開始蓬勃發展，當時有四個主要的游擊隊，分別是成立於 1960 年代中期的「哥倫比亞革命武裝部隊」(Fuerzas Armadas Revolucionarias de Colombia, FARC)、「民族解放軍」(El Ejército de Liberación Nacional, ELN)、「人民解放軍」(El Ejército Popular de Liberación, EPL) 和成立於 1970 年代的「四一九運動」。1970 年代末游擊隊控制了許多鄉鎮，直到二十一世紀初各地仍受到哥倫比亞革命

武裝部隊和民族解放軍的威脅。

1. 哥倫比亞革命武裝部隊

是哥倫比亞歷史最悠久、勢力最大、組織最精良，也是二十世紀以來最具影響力的游擊隊。成立於 1964 年的馬戈塔利亞省 (Marquetalia)，原本只是一個要求土地改革的農民自衛團體，在農村發動零星戰役及暗殺行動，因政府接受美國甘迺迪總統提出的「繫帶計畫」(Plan Lazo)，同意美國提供軍事訓練，改由使用汽油彈及轟炸機嚴屬掃蕩之後，方演變為一個極具攻擊性的武裝游擊隊，且接受「哥倫比亞共產黨」的資助，奉行馬克思－列寧主義。

活動範圍甚廣，涵蓋安地斯山西南部各省與東部亞諾斯平原，包括考卡、博亞卡、安蒂奧基亞、梅塔及昆迪納馬卡等地。

2. 民族解放軍

哥倫比亞第三大游擊隊，勢力僅次於哥倫比亞革命武裝部隊與較晚成立的四一九運動，由「農民學生勞工運動」(Movimiento Obrero Estudiantil y Campesino) 成員所組成，深受古巴游擊中心理論影響，許多成員都在古巴學習和受訓。1964 年 7 月於北部的桑坦德省成立，在農村展開游擊活動，恪守格瓦拉的游擊中心理論，主要的支持者為學生和中產階級，亦吸引部分農民加入，堅持武裝暴力，與激進的農民、勞工合作，試圖將武裝鬥爭與人民抗爭結合，主要訴求是以武力奪取政權。

1965 年 12 月，因朵雷斯 (Camilo Torres Restrepo) 神父的加入而一時聲名大噪。朵雷斯生於波哥大的中產階級家庭，1954 年接受神職，1955 年任國立大學神父，1961 年以紅衣主教的身分代表參加哥倫比亞土地改革委員會，有機會到全國各地旅行，親眼目睹同胞的苦難。1965 年 3 月，在麥德林發表《人民統一陣線綱領》，公開譴責「少數人的經濟集團」掌握政權，主張「必須改變政權結構，以便由有組織的多數人來做決定」，實行「耕者有其田」，廢除「自由企業，代之以合作社和公有企業制度」。他認為宗教信仰不能侷限於空談教義和參加宗教儀

式，必須付諸於改造社會不公義的革命行動，遂於 1965 年 6 月放棄教會職務，投入組織「人民統一陣線」(Frente Unido Popular)，吸收各反對黨、非黨派人士和一般民眾加入，創辦《統一陣線》刊物。由於各派意見分歧，統一陣線終未能成立；同年 12 月，朵雷斯參加民族解放軍，選擇了武裝鬥爭的道路。1966 年 2 月，朵雷斯在一場與政府軍的衝突戰役中壯烈成仁，因而被稱為「游擊隊神父」，他的犧牲吸引了年輕神職人員、學生、勞工與農民加入游擊抗爭，卻也導致民族解放軍領導階層的內鬨。

3. 人民解放軍

於 1967 年 4 月成立於西部大西洋岸地區，大多由學生組成，是一支實力較為薄弱的游擊隊，集中在哥爾多巴和安蒂奧基亞兩省山區活動，之後影響力逐漸擴及其他地區，為「哥倫比亞馬列主義共產黨」(Partido Comunista de Colombia, Marxista-Leninista) 的武裝部隊，主張人民長期抗爭，再採取無產階級路線，重視農村勞工的地位，堅持一邊與政府對話，一邊打仗的雙面策略。1980 年代改變戰術，於城市中展開游擊行動而有所發展。

4. 四一九運動

成立於 1974 年初，成員多為激進的知識分子，從「全國人民聯盟」分裂出來，因不滿 1970 年國家陣線一手主導的總統選舉而成立，自稱是「民族主義的政治軍事組織」，其宗旨是「為民族獨立和社會正義而戰」。強調資產階級革命，待條件成熟後，再進行無產階級革命，因此是從城市開始發展暴力路線，再拓展至農村，煽動農民加入游擊隊。

1989 年，在領導人畢沙羅 (Carlos Pizarro Leongómez) 的領導下放棄武裝戰鬥，改為「四一九民主聯盟」(Alianza Democrática M-19)，轉型為民主政黨。1990 年的總統選舉中，贏得全國性的席次。四一九運動打破哥倫比亞其他游擊組織的傳統，不再躲藏於窮鄉僻壤，而是成功地將其觸角伸入中產階級和都市邊緣的貧民。

第二節　販毒集團賄賂猖獗

一、古柯由來及用途

　　古柯樹原產於南美洲西北部，是秘魯、哥倫比亞、厄瓜多、委內瑞拉和玻利維亞等安地斯山區的一項重要貿易商品，嚼食古柯葉是安地斯山原住民行之有年的習慣，也成為該國文化的一部分，反映了原住民文化和宗教特性。嚼食古柯葉的習慣至少可以追溯到西元六世紀秘魯的莫奇卡族 (Mochica) 時期，後來發現一具屬於印加王國時期的木乃伊有嚼食古柯葉跡象，且陶器雕繪出的人形中臉頰因嚼食古柯葉而鼓起。在聖奧古斯丁斯塔度司河谷 (Status) 的遺跡中，曾挖掘出一批神情愉悅咀嚼著古柯葉的土偶，奇布查族、科吉族、阿華科族和維瓦族 (Wiwa) 都有使用古柯的習慣。根據文獻記載，印地安原住民認為古柯有催慾興奮、預知未來、驅惡避邪和轉換地位等功效，故習慣於男女交合前、戰爭或舉行宗教儀式時嚼食古柯，可讓祭司的思緒進入恍惚的狀態中，方能配合祭祀的節奏；或者將乾古柯葉摻雜少許石灰嚼食，可禦寒和止飢。

　　由於古柯被視為神聖的起源，其種植便由國家所壟斷，1471 年即位的圖帕克‧印加 (Tupac Inca) 便曾下令僅限貴族和少數從事特別行業者，如：法庭演說家、速遞員、公務人員和軍人等可食用。當印加帝國衰退後，限制解除，古柯變得更加普遍。殖民初期，古柯在受到一定的控制之下，並未產生問題，直到教會人士認為原住民的信仰與宗教儀式是邪靈所創造的產物，必須加以根除，並認為古柯嚴重妨礙天主教傳播及科學思考，殖民政府才下令禁用古柯，1617 年，波帕揚地區的大主教宣布，凡使用古柯者將被逐出教會。

　　新鮮嫩綠的古柯葉帶有濃郁茶香味，入口咀嚼之後，會產生愉悅的麻木感，以及刺鼻的味道，古柯葉中含有多種生物鹼，包括一種功

能強大的興奮劑——可卡因，古柯鹼便是從古柯樹提煉出來的毒品。在傳統醫學的用途上最重要的是克服疲勞、飢餓和乾渴，常被印地安人當做麻醉劑使用，可治療牙痛、頭痛、哮喘、瘧疾、風濕、傷口和胃潰瘍等引發的不適，亦可改善消化系統，防止腸道鬆弛，甚至可作為春藥。由於可收縮血管，古柯也可用於止血；在使用強力麻醉藥之前，古柯也被用於醫治骨折手術和分娩手術中。

古柯最特別的療效是治療高山症，由於安地斯山海拔甚高，初來乍到的遊客可喝古柯茶來防止高山症。到目前為止，印地安人還習慣將摻了石灰的古柯葉放入狀似西洋梨的南瓜中，隨身攜帶，藉由麥稈吸舔南瓜，可補充體力進行長時間狩獵或旅行。整個安地斯山區不僅印地安人食用古柯，連白人、黑人、混血兒，從農村、小鎮到大城市的居民，都在咀嚼古柯，當飲料、做敷劑、釀古柯酒，古柯葉銷往安地斯山區各地市場及攤販，古柯茶和燕麥棒、餅乾、糖果等零食一樣可在大部分商店、超商和高級超市輕易地取得，與一般生活息息相關，此與外界看待古柯的眼光相差甚鉅，故而從歷史和文化的角度來看，都有不可根除的理由。

二、毒品氾濫

在哥倫比亞種植古柯葉屬非法行為，許多原住民部族與小農因為沒有其他可行的謀生之道，正常耕作僅能餬口，種植非法作物不僅可以衣食無缺，又能補貼原本微薄的收入，因此，除了因應傳統的使用外，越來越多小農投入高利潤的古柯種植，並販售給中間商，製造成古柯鹼，已間接成為毒品氾濫的幫兇之一。

哥倫比亞介入古柯鹼的生意應追溯至 1959 年卡斯楚取得古巴政權，迫使古巴毒梟逃到美國和拉丁美洲其他國家，哥倫比亞於是從古巴毒梟那兒學到製毒技術；再者，哥倫比亞已從大麻的生產、製造過程中學得專門技術，具有提煉毒品的設備及人才。安地斯山古柯鹼產業內部存在單純的分工，在經濟合作的關係上將秘魯、玻利維亞和哥

倫比亞整合起來，秘魯和玻利維亞專門種植勞力密集的古柯樹，並將古柯葉加工製成原漿，哥倫比亞因正處於秘魯及玻利維亞兩大古柯生產國將產品銷往北美及歐洲市場的必經路線，地處加勒比海及中美洲要衝，加上熱帶叢林正好讓加工廠獲得極佳的掩護，於是扮演企業經營者的角色：毒梟購買古柯漿，將其運往境內或附近的加工廠，然後透過走私網將提煉過的古柯鹼運往美國及歐洲分銷中心。巴拿馬、尼加拉瓜、墨西哥和許多加勒比海島嶼國家都參與將製成品偷運至美國的行列。

美國於 1960 年代以前，僅少數成年人偶爾吸食大麻，然因越戰爆發，美國年輕人從電視上接收有關戰爭的殘酷訊息，加上陸續返鄉的傷殘士兵，造成年輕人對戰爭價值的疑惑，掀起反越戰、反傳統、爭人權和反種族歧視等訴求，吸食大麻因而成為美國新世代表達現狀的不滿與不妥協，美國市場對大麻需求的增加，導致哥倫比亞和墨西哥大量投入大麻的生產及提高價錢。1970 年代初，哥倫比亞各地販毒集團呈現小規模卻快速的發展，也由於走私販毒日益猖獗，出現麥德林集團和卡利集團 (Cartel de Cali)，他們以買賣大麻起家，後來則將生意的觸角集中於古柯鹼的買賣，紛紛建立自己的加工廠，充分將走私大麻貿易與銷售通路、洗錢模式等結合的天衣無縫。美國大力消除墨西哥的大麻種植與走私，間接增加了哥倫比亞毒梟的影響力，當時全美國古柯鹼的配售中心佛羅里達為麥德林集團所掌握，紐約市場則為卡利集團所把持。

到了 1970 年代末期，哥倫比亞生產的大麻已占美國市場的百分之七十，美國對古柯鹼的需求量已經超過秘魯與玻利維亞所能供應，哥倫比亞劣質的古柯樹搖身一變成為一種高利潤的農作物，一瞬間，亞馬遜叢林與東部亞諾斯平原河岸的古柯種植業隨之繁榮，多達十萬人直接投入古柯的生產及買賣行列，對哥倫比亞的經濟層面影響甚大。同時間，國內吸食古柯的人口開始增加。

哥倫比亞毒品事業蓬勃發展的程度，可從大麻及古柯鹼的非法貿易已成為國家主要收入而窺知，其數值可能與合法出口產品不相上下，由於古柯鹼的收入較為優渥，因此很快地便取代了大麻，成為哥倫比

亞最有價值的出口產品。從前綠寶石、咖啡、黃金代表整個哥倫比亞,如今古柯鹼的聲名遠播,早已凌駕其上,哥倫比亞已成為全球古柯鹼及海洛因毒品最大供應國,控制著全球百分之八十至九十的古柯鹼生產,連政府都束手無策,美國及歐洲是最大的毒品消費市場。古柯鹼的種植、提煉及運送,直接且間接影響到哥倫比亞二十萬人口的工作機會,改善了包含其家人在內的收入和生活水準。分析家聲稱販毒集團已經透過外幣的穩定和實際的匯入(主要是美元)幫助哥倫比亞貿易平衡,同樣地,其他負面的經濟和社會效應也應運而生。據估計,每年約有二萬五千人死於毒品有關的暴力事件中。

三、販毒集團

1980 年代起,毒梟們開始在聖馬爾塔雪山大量種植大麻和古柯,自此該山區成為販毒集團必爭之地,引發無數次爭奪戰,當地印安人陷入困境,許多村落因此遭到破壞,販毒組織與游擊隊的反叛行動一樣危險,幾乎大部分地區都受到販毒集團的控制。麥德林市是哥倫比亞古柯鹼的貿易中心,也是國際販毒活動中心,聚集著擁有數百萬,甚至幾億美元身價的古柯鹼大王,當時勢力最龐大的非麥德林販毒集團莫屬,該集團由艾斯科巴、雷德 (Carlos Lehder) 和歐秋亞家族 (Ochoa)❷所組成,將毒品銷往世界各地。他們擁有私人飛機、船隻及貨車,將來自秘魯和玻利維亞的古柯漿運送回國製成古柯鹼,也有私人軍隊來保護自身產業,配備比軍警還精良的現代化武器,就這樣輕而易舉地控制了麥德林市及其附近的鄉村,提供獎賞給願意合作幫助者,不肯妥協的人則予以殺害。由於麥德林市的紡織工業衰退,造成

❷指路易斯·歐秋亞 (Jorge Luís Ochoa)、大衛·歐秋亞 (Juan David Ochoa) 和小法比歐·歐秋亞 (Fabio Ochoa) 三兄弟,全為知名毒販。

圖 38：大毒梟艾斯科巴　他曾被哥倫比亞政府通緝並重金懸賞，凡提供消息者且使艾斯科巴被捕入獄，便可獲得十億披索的獎金。

上千名勞工前往紐約成衣廠尋找工作機會，這些流亡國外的勞工便順理成章地提供毒品流入美國市場的管道。

　　麥德林集團麾下約有二百多名大毒梟，控制著兩萬多名販毒分子和上千人的殺手組織，他們將古柯鹼生意企業化經營，除了集團的少數重要首腦外，旗下設有專業化的組織負責處理古柯鹼的生產、買賣和運送，財務人員負責漂白洗錢，轉投資合法企業。波哥大和麥德林的上流社會人士都收受了大筆金錢，也用那些巨款在巴拿馬、巴哈馬、瑞士以及其他逃稅天堂開立帳戶，存進豐厚的現金，上層社會人士透過秘密管道暗中投資麥德林集團，待毒品運至美國賣掉後，便可賺取三至五倍的美元，該集團最著名的首腦艾斯科巴便是藉由此方式，累積了好幾世代享用不盡的財富。

　　艾斯科巴以非法資金投入於社會建設的方式來獲取民眾支持，例如：成立報社，投資公共建設和住宅計畫，在落後地區設立學校，為居住在垃圾堆旁的低收入戶興建平房，替貧民支付醫療費用，甚至自行成立政黨，掌控國會席次。1982 年，艾斯科巴候補選上參議員，卻

❸在艾斯科巴死後十多年，那不勒斯莊園早已荒蕪，昔日的飛機跑道、鬥牛場等已是雜草叢生，為了躲避哥倫比亞叛亂分子的攻擊，一些村民離鄉背井，逃到這個被人遺忘的莊園，住在曾經豪華奢侈的客房裡。哥倫比亞政府在莊園內建立一座監獄，剩下的將建成主題公園，發展旅遊業，希望主題公園的門票能夠回本，為難民們建設新家，並為當地人提供更多工作機會和收入，這裡也是艾斯科巴全部被沒收的財產中第一個被重新利用的地點。

遭《觀察家日報》和司法部長臘拉 (Rodrigo Lara Bonilla) 揭露其販毒行為，因而被取消參議員資格，終止政治生涯，他也將販毒事業轉入地下活動。為了鞏固事業根基，艾斯科巴以殘酷兇狠的手段對付反對者，成立一個名叫「西卡力歐」(sicarios) 的殺手組織，專門暗殺任何阻撓事業發展的法官和政客，在購物中心裝置炸彈，殘忍地殺害法官、婦女小孩，綁架前總統杜拜 (Julio César Turbay Ayala) 的女兒黛安娜 (Diana)。據估計他的個人資產高達二十億美元，被列入全世界最富有的罪犯之一，位於麥德林西北部一百六十多公里處有一座占地五千五百英畝的大莊園——「那不勒斯莊園」，即為艾斯科巴的私人莊園，也被稱為「伊甸園」，有自然景區、人工湖、飛機場、種植著十萬棵果樹的大果園、三個符合奧運標準的游泳池、一個越野機車賽車場和一個大型動物園，艾斯科巴更不惜鉅資購得數百種珍稀動物，養在動物莊園中，奢華至極。諷刺的是，艾斯科巴不但支持綠色和平組織，喜好運動，還是個保護動物的自由派分子❸。

麥德林集團唯一的競爭對手是卡利集團，三大首腦為羅氏兄弟 (Gilberto Rodriguez & Miguel Rodriguez) 和聖塔克魯茲 (José Santacruz Londoño)，以跨國經營的方式販售毒品，直接影響國際毒品交易，藉由龐大的財富與影響力，滲入政府機關、傳播媒體及不同的非法武裝團體，直接或間接收買政府官員、政黨及軍警，使其成為一個組織龐大的共犯集團，對全國政治、經濟和社會造成很大衝擊。與麥德林集團不同的是，卡利集團極少使用暴力或威脅政府官員，改以行賄和建立嚴密的情報網來維持其販毒活動，在美國和歐洲建立起完整的毒品

銷售網路。巴拿馬的第一國際銀行 (First Interamericas Bank) 甚至允許卡利集團將在美國的販毒所得，透過在巴拿馬的哥倫比亞銀行分行將錢匯回國內，再透過不同的金融機構將黑錢漂白。

　　毒梟們將販毒所得投資國內的工業、貿易、財政、農業、建築業與房地產，企圖將其暴發戶的身分合法化，還試圖融入哥倫比亞既定的政治結構；儘管他們對國內投入大筆資金，卻由於哥倫比亞的政治結構早已被菁英分子所壟斷，無法如願躋身上流社會。1984 年，司法部長臘拉因強力要求政府履行引渡條款而遭到麥德林集團暗殺後，政府與毒梟間的衝突日趨血腥，軍方首次全面介入掃毒行動，不僅沒收將近一千個毒梟的財產，還與美國簽訂引渡大毒梟雷德的條例，企圖將販毒集團永久摒除於上流社會與政治圈之外，血腥暴力遂成為晉升統治階級的唯一方法。毒梟們宣示全面開戰，暗殺任何一個支持引渡條例的政治人物，進行恐怖攻擊活動，焚燒政治人物的農場，在銀行、報社、政黨辦公室等處引爆炸彈。同年 11 月，發生哥倫比亞國家航空公司飛機爆炸事件，造成一百零七人死亡，此一因販毒集團直接或間接引發的暴力事件，造成社會動盪不安。1986 年 12 月 17 日，《觀察家日報》負責人，亦是頗負聲望的記者卡諾 (Guillermo Cano Isaza) 被暗殺身亡。1987 年，哥倫比亞政府將麥德林集團首腦雷德送至美國接受審判時，該集團開始進行一連串的攻擊行動，如：傷害哥倫比亞大使、綁架前總統之子等，雷德最終在美國法院因罪定讞，並供出麥德林集團與巴拿馬軍事強人諾瑞嘉 (Manuel Antonio Noriega) 掛鉤從事毒品交易的重要內幕❹。

❹諾瑞嘉於 1983～1989 年間當政，早年為美國中央情報局效力，1989 年美國出兵巴拿馬，以販毒罪名將之逮捕，在佛州邁阿密監獄服刑。法國司法當局亦指控諾瑞嘉在 1980 年代擔任巴拿馬軍情局局長及國防軍司令期間，將勾結麥德林販毒集團的非法所得存入法國銀行帳戶洗錢；法國法院在 1999 年以缺席審判的方式，判處諾瑞嘉十年有期徒刑，並要求美方在諾瑞嘉於美國服刑期滿後，將之引渡至法國。2010 年 4 月，諾瑞嘉於美國服刑屆滿，被引渡至法國繼續受審。

第三節　準軍事組織綁架勒贖

一、興起背景

　　哥倫比亞的準軍事組織是指 1970 年代以後，遊走於政府法令邊緣而成立的某些特定軍事團體，以北部地區為例，部分農村大地主因不堪游擊隊騷擾，為維護身家性命和財產而增購武器，雇用受過軍事訓練的傭兵，組成軍事組織，以對抗左派游擊隊，後來全國各地區大莊園主、零售商及小企業主都群起效尤，使得該組織得以迅速擴展。活動初期是由美國負責訓練，並且具有類似正規軍隊的規模，之後才逐漸演變為日後眾所周知的哥倫比亞右翼準軍事組織 (Paramilitares)——一個規模強大，唯一可以與游擊隊勢力相抗衡的組織，當政府始終無法有效解決游擊隊在農村造成的困擾、農民不再相信警察或軍人的保護時，唯一可以提供農民保護的組織。

　　毒品交易使得哥倫比亞毒梟一夜致富，由於適合種植古柯和罌粟的耕地與傳統農業種植耕地面積相同，游擊隊在邊境的活動也影響到毒品生意，因此毒梟們也興起成立準軍事組織以自保的念頭，這些由大地主、軍方人士和毒品集團贊助之準軍事組織的暴行，更使哥倫比亞的政治暴力達到顛峰。

　　早在 1968 年，哥倫比亞國會便通過法令，允許軍方將領在正當情況下提供武器給私人團體，此意味著準軍事組織得到政府法律的認同。準軍事組織的資本來自地主與毒梟，受訓於國家高級軍事將領，這些非法軍隊是用來對抗游擊隊的，並且自成一套規矩，他們做的是法定軍隊禁止做的事，進行屠殺、凌虐及迫害，政府卻縱容他們的罪行。有鑑於哥倫比亞革命武裝部隊的勢力不斷擴大，準軍事組織將支持游擊隊的農民們也列入暗殺的目標，儼然成為迫害民眾的劊子手。1980 年代以後，準軍事組織已擴展為全國性的規模，為尋求大筆資金維持

組織龐大的運作，只得向販毒集團靠攏，他們提供軍事訓練與戰略計畫，以交換對方的武器與金錢。較著名的兩個準軍事組織為「剷除綁架者組織」(Muerte a Secuestradores, MAS) 和「哥倫比亞聯合自衛隊」(Autodefensa Unidas de Colombia, AUC)。

1981 年，四一九運動綁架了知名牧場大亨老法比歐・歐秋亞 (Fabio Ochoa Restrepo) 的掌上明珠瑪莎 (Martha Nieves Ochoa)，要求大筆贖金❺，於是歐秋亞家族便和雷德、艾斯科巴共組「剷除綁架者組織」，主要任務是保護販毒集團首腦和大莊園主的人身安全，避免成為哥倫比亞革命武裝部隊及四一九運動執行暗殺或綁架行動下的犧牲品，大毒梟們提供高達七百五十萬美元的資金和最先進、火力最強的武器，對四一九運動的相關成員及親屬下達屠殺令，展開全面報復。

剷除綁架者組織透過發行公報的方式，宣揚打擊綁架、犯罪事件，以及剷除專門破壞的團體，僅短短數日便有二百人加入該組織，當得知綁架瑪莎的主謀後，其身邊的親朋好友共二十五人均遭受牽連被處死。同年 2 月 26 日，剷除綁架者組織在未支付任何贖金的情況下救回瑪莎。該組織初期成立的宗旨頗引發全國社會的同情，但後來卻逐漸變質為採取殘酷的報復手段及行動，甚至直接插手販毒事業，當麥德林集團衰退之後，該組織的成員便開始尋找與自衛團體或其他準軍事組織合作，這些自衛團體成立的動機是為了保護受游擊隊騷擾的地區，但不久卻反變成騷擾的主因，犯下暗殺及殘忍的屠殺罪行。

最具影響力的準軍事團體為「哥倫比亞聯合自衛隊」，由卡斯塔紐兄弟 (Fidel y Carlos Castaño Gil) 所成

❺瑪莎的兄弟為著名的歐秋亞販毒三兄弟。

立，他們的父親於 1989 年遭到哥倫比亞革命武裝部隊綁架勒贖，綁匪要求支付一千萬披索後，又將肉票殺害，自此兩兄弟便自組武裝自衛團體，誓言剷除那些綁架者。最初與政府互相合作，提供軍方有關游擊隊員的情報，甚至共同參與軍方的軍事行動，後來自組「哥爾多巴及烏拉霸農民自衛隊」(Autodefensas Campesinas de Córdoba y Urabá, ACCU)。1996 年，菲德爾・卡斯塔紐死於與哥倫比亞革命武裝部隊的衝突中，1997 年 4 月，卡洛斯・卡斯塔紐將大約二百五十個不同的團體整合成「哥倫比亞聯合自衛隊」，堅稱打擊哥倫比亞革命武裝部隊、民族解放軍及人民解放軍，尤其是以剷除「愛國聯盟」(Unión Partido, UP)❻的成員為主要目標。

❻哥倫比亞革命武裝部隊為回應貝坦古總統的和平計畫，於 1985 年成立的政黨。

哥倫比亞聯合自衛隊後來逐漸吸收軍警、政客及社會其他機構的成員加入，造成司法、政治體系混亂，同時被指控犯下違反人性的重罪，例如綁架、虐待、民眾失蹤、政治謀殺、恐嚇司法人員及證人、侵犯公民隱私權、限制人民遷徙自由、攻擊人權團體及記者、攻擊工會成員、訓練童兵。根據統計，哥倫比亞聯合自衛隊在 1982 至 2005 年間總共犯下超過三千五百件屠殺案及搶奪超過六萬平方公里的土地，殲滅了約一萬五千名哥倫比亞人民，這些人包括印地安原住民領袖、工會人士和左派運動的軍人，被殺後或遭集體掩埋，或棄置河中。他們最常利用汽車炸彈或在大眾運輸工具上安置炸彈，造成駕駛、乘客及附近居民的死傷，因而被哥倫比亞、美國及歐盟國家視為恐怖主義者。

二、錯綜複雜的糾葛

政府高層、販毒集團、準軍事組織和游擊隊糾纏不

清的四角關係，衍生出哥倫比亞長期的政治社會暴力事件，也是截至目前為止政府始終無法有效解決問題的主要原因之一。

毒梟們深知只要游擊隊存在，政府就無法盡全力掃毒，為了保護自身利益，他們也提供金援給游擊隊充實其武器設備，哥倫比亞革命武裝部隊和民族解放軍占領了大部分種植古柯的省份，梅塔、比查達 (Vichada)、包貝斯 (Vaupes)、瓜比阿雷 (Gauviare)、卡戈塔 (Caquetá)、普圖馬約和馬格達雷納，游擊隊如同占領區的地方政府，他們協助組織當地的農民反抗政府的反毒行動，哥倫比亞革命武裝部隊自居為古柯種植農民的武裝工會組織，除了至少部署三分之一的游擊隊員於古柯種植區外，還主張固定勞工的日薪與古柯膏的高價位，阻止販毒集團的濫權，保護毒品的生產、加工與運輸事宜。因此，儘管游擊隊與販毒集團所追求的目標不同，但當雙方利益不謀而合時，狼狽為奸的情況勢必出現。1980 年代初期，左派游擊隊與販毒集團開始整合，逐漸形成一股強大的惡勢力。

哥倫比亞聯合自衛隊的金主是牧場主人、大地主及毒梟，因毒販贊助的比例超過七成，成為最大的金主；其他財源有來自其管轄區內多國企業委託的綁架、勒索事件所分得的錢，也有來自軍方將領為了維持與多方政治勢力友好關係而提供的獻金。販毒集團與準軍事組織產生了密切關係，不但利用該組織掣肘游擊隊，同時為了抗議政府與美國簽訂引渡條款，也唆使該組織對抗政府，許多上層階級也因曾獲得不少利益而暗中支援販毒集團，因此在哥倫比亞要挑戰販毒集團是一項極艱鉅的任務，此意味著政府無法將販毒集團、左派游擊隊和右翼準軍事組織造成的社會問題互相切割。

1983 年，哥倫比亞檢查總長希梅內茲 (Carlos Jiménez Gómez) 指控五十九名軍警人員涉入麥德林市的數百起謀殺、大屠殺及失蹤案件，始揭發軍警、毒梟暗中涉入準軍事組織的關係。

第十一章
秩序的重建

　　哥倫比亞與大多數拉美國家的差異在於其歷史發展中並沒有遭逢威權政府的挑戰，憲政體制由來已久，不但定期召開自由普選，亦少見軍事政變，而且民主化發展在拉丁美洲國家中算是歷史最悠久且最穩定的。諷刺的是，一個擁有悠久民主傳統的國家，卻長期伴隨著罪犯、流氓、毒梟、游擊隊及民兵組織的暴力事件，且持續了將近二個世紀的暴力史；政治暴力與民主發展並駕齊驅，是其特殊的政治現象。若要討論哥倫比亞政治、社會秩序的重建，就必須探討歷屆政府如何處理這些動亂的根源。

第一節　高壓鎮壓

一、《安全法案》

　　1970 年代，哥倫比亞政府一直將毒品視為美國單方面的社會問題，是美國青少年對越戰失敗的不滿，藉由消費毒品來展現反政府的態度，因而當時並未成為政治上的主要議題。當時哥倫比亞政府面對的難題主要是游擊隊的暴動，游擊隊為了鞏固領導地位，並且取得合

法的政治和社會地位，開始藉由搏取農民的同情以增加其影響力。國家陣線時期，游擊隊活動的規模尚未成形，政府得以靠軍事力量鎮壓，動亂雖然暫時被平息，但權力階層仍未對暴動的基本成因做出有效解決，兩黨壟斷權力的情形越發嚴重，致使游擊隊勢力不斷擴大，自農村擴散至城市。

1974 年，自由黨羅培茲當選總統後，兩黨不再輪流擔任總統，哥倫比亞進入一個溫和競爭的「後國家陣線時期」，為了穩定政局，基本上仍沿襲國家陣線的一些做法，兩黨依舊平分內閣和地方政府的職位，組成聯合政府。此後，歷屆政府對游擊隊採取態度不明的政策，時而鎮壓，時而大赦，雙方始終無法取得共識。

古柯鹼交易的興盛造成一股龐大資金流回國內的罕見現象，這些非法資金與其他繁榮（如咖啡繁榮）賺進的資金造就了全國經濟大繁榮景象，伴隨而來的通貨膨脹問題卻引發勞工階級不滿，於是在 1977 年 9 月，勞工代表發動一場全國大罷工 (Paro Nacional)。1978 年，自由黨中間派杜拜當選總統，自由黨連續執政，說明了國家陣線的影響力已消失，此時政府面臨的困境是執政黨內外存在著強大的反對派，通貨膨脹和失業現象節節高升，工人罷工和學生罷課層出不窮，恐怖暴力活動及販毒走私現象日益嚴重。為了穩定局勢且為了實現競選時反恐怖主義政策的承諾，杜拜總統於 1978 年 9 月 6 日頒布了著名的《安全法案》(Estatuto de Seguridad)，內容包括：

　　1.藉由國家自衛機構與游擊團體抗衡，建立全民自衛的方式。

　　2.授予軍警人員極大權限，全國進入軍事化狀態。

　　3.縮減一般公民的自由和權利，在衝突地區，軍隊即代表國家法律，不但具有司法管轄權與行動自由，還可任意實施宵禁。

　　4.參與綁架者將判處最長達三十年的徒刑，服刑期間不得假釋。

全國進入軍事化戒備的任務由當時國防部長卡馬酋 (Luis Carlos Camacho Leyva) 將軍執行，允許軍隊無限制地對游擊隊發動攻擊，將鎮壓游擊隊的行動擴大為全力破壞民眾組織和消滅武裝暴動，哥倫比

亞警備隊負責訓練及教育人民如何使用武器，將民眾置身於政府與游擊隊的軍事衝突中，使其幫助政府消滅任何一個暴動團體，以加強鎮壓綁架、暗殺及販毒走私等非法活動。政府對游擊隊亦採取兩面政策，一方面部署維安部隊，進行鎮壓，另一方面，以談判方式解決游擊隊的綁架活動及勸服游擊隊員。

二、游擊隊反撲

1970 年代初，游擊隊仍發動數次的攻擊行動，例如：1976 年 2 月，四一九運動綁架哥倫比亞勞工聯盟主席拉戈爾 (José Raquel Mercado)，並予以殺害；1978 年 5 月，四一九運動潛入尼加拉瓜大使館，綁架該國大使達數小時。

由於《安全法案》內容違反人權，並將全民捲入國內紛爭中，招致全國及國際批判的聲浪，既未得到預期中的效力，亦使得游擊隊暴力指數及層級上升。1979 年新年假期時，四一九運動攻擊位於波哥大北部的軍事基地，盜走大批武器，使軍方顏面盡失；1980 年 2 月 27 日，四一九運動又占領多明尼加共和國駐哥倫比亞大使館，挾持十幾個國家的外交使節和哥倫比亞外交部官員，事件發生後，政府派幾百名軍警包圍使館，人質危機引發強大的國際壓力，迫使政府與四一九運動進行談判，二個多月後終告和平落幕；之後，政府宣布赦免投降的游擊隊員，並逮捕其餘的六百多名成員，予以痛擊。

《安全法案》賦予軍警極大的權力去鎮壓游擊隊，因而時有行為過當的傳聞，對游擊隊員嚴刑拷問，引發媒體的批評，不僅無法掃蕩游擊隊勢力，反使得政府與游擊隊之間的緊張局勢升高，政府不得不尋找替代方案，而游擊隊提出的回應則是廢除 1978 年的《安全法案》，徹底實施社會改革，改變資本主義路線等先決條件，使得雙方和解不歡而散。杜拜總統於 1981 年頒布新的《赦免法》，以及成立「和平委員會」，但因條件嚴苛，使得符合大赦條件的游擊隊員人數少之又少。

第二節　和平進程

一、剿撫兼施

　　1980 年代，販毒集團和準軍事組織聲勢逐漸壯大，連同自 1970 年代延續下來的游擊隊問題，歷屆政府無不竭盡心力打擊犯罪，然惡勢力仍在各地肆虐。1982 年，因自由黨內部分裂，保守黨候選人貝坦古 (Belisario Betancur Cuartas) 順利當選總統，有鑑於軍隊無法徹底打擊游擊隊，亦無法解決游擊隊引發的問題，貝坦古總統就任後立即成立「全國和平委員會」，發動全國重建運動，開始與游擊隊談判，開啟了政府首度與游擊隊直接談判的和平進程，亦採取「剿撫兼施」策略，一方面繼續清剿，一方面由國家通過《赦免法》，號召共黨武裝叛亂分子放下武器，鼓勵以合法途徑從事政治活動。同年 10 月，通過《赦免游擊隊法案》，將赦免的定義擴大到赦免所有在法案生效以前犯有「叛亂、暴動和騷亂」罪行者，以及與此有關聯的人，實現全國和解，進行全國重建運動。

　　民族解放軍並未加入與政府和談的行列中，甚至在 1983 年 11 月綁架貝坦古總統的兄長，後因卡斯楚介入調停，人質才遭釋放。1984 年 4 月，全國和平委員會與哥倫比亞革命武裝部隊達成協議，內容包括為期一年的停火協定、游擊隊占領區的重建農民生活計畫和建立完善的民主制度等，5 月至 8 月間，先後和人民解放軍、四一九運動達成停火協議，使得國內獲得短暫的平靜。後因政府意見分歧，以及雙方陸續的攻擊事件，使得四一九運動突然打破與政府之間的承諾，接受麥德林集團的委託，於 1985 年 11 月 6 日攻占波哥大的司法大廈，俘擄三百名人質，翌日，政府下令武裝奪回司法大廈，造成一百一十五人死亡，其中包括十一名最高法院的法官以及全部三十五名參與恐怖行動的四一九運動成員。

　　哥倫比亞革命武裝部隊從一開始便支持貝坦古的和平計畫，並於 1985 年成立自己的政黨——「愛國聯盟」，以擴張在城市地區的勢力，後來成功地在城市中產階級和勞工階層中得到支持。然而，和平卻沒有持續多久，愛國聯盟變成右翼準軍事組織主要的暗殺目標，其他叛亂團體的暴力行為更甚於從前，發生更多的暗殺及炸彈攻擊事件，游擊隊和政府軍之間的武裝衝突與日俱增。

　　1986 年，波哥大前市長巴爾可 (Virgilio Barco Vargas) 當選總統，面臨到與哥倫比亞革命武裝部隊協商失敗、麥德林集團挑起游擊暴動的困境，初期巴爾可政府認為停火協定不但使游擊隊有喘息的機會，甚至助其壯大聲勢，因而選擇擴充軍備，以武力方式解決與游擊隊的衝突問題，也使得前任政府的和平計畫功虧一簣。1988 年後期，政府要求游擊隊必須棄械投降，才可得到大赦，此種諸多限制的談判不為游擊組織所接受，只有四一九運動在經歷攻擊司法大廈事件之後，失去了民眾的支持，才接受政府條件，與之達成和平協議。

二、緝毒掃黑

　　1989 年，自由黨的下屆總統候選人加藍 (Luis Carlos Galán) 提出的競選政見之一為強力要求政府取消毒梟艾斯科巴的後補參議員資格，同時主張恢復哥倫比亞與美國引渡販毒分子的協定。加藍高聲疾呼的反毒政策，點燃民眾對他的信心及全力支持，卻也引起全國毒梟之恐慌❶。1989 年是哥倫比亞近代史上最動盪的一年，3 月，參議員桑貝爾 (Ernesto Samper Pizano) 在艾爾多拉多機場的暗殺攻擊行動中受到多處槍傷，差點喪

❶由於販毒集團勢力龐大，他們並不擔心被關入國內監獄，因為他們可以很快地藉由賄賂的手法而被釋放，但卻怕被引渡至美國，如此一來，將永無重見天日的一天。

命；5 月，準軍事組織企圖炸死秘密警察首長馬薩 (Miguel Maza Márquez)。8 月 18 日，加藍於波哥大市郊的莧恰市 (Socha) 參加群眾集會時，被艾斯科巴指使的殺手暗殺身亡，此一血案不僅震驚全國，也粉碎眾多支持者的希望；翌日，巴爾可總統號召全面反毒運動，對打擊毒品採取更強硬的政策。9 月，《觀察家日報》的辦公室遭到攻擊而損失慘重，卡塔赫納的飯店遭到炸彈攻擊；11 月，販毒集團引爆哥倫比亞國家航空公司的客機，企圖殺死財政部長賈比利亞 (César Gaviria Trujillo)，造成一百零七人死亡，所幸當時賈比利亞並不在那班飛機上；12 月，一顆大型炸彈在波哥大秘密警察大樓前爆炸，造成數十名無辜路人傷亡。

政府在短短幾個月裡，搗毀數十個古柯鹼加工廠，繳獲近四百架飛機、幾十艘船隻和大量的武器彈藥，沒收價值數十億美元的毒品和販毒分子數億美元的非法財產，給予販毒集團迎頭痛擊，也遭到對手強烈反抗，攻擊警方、建築物及汽車炸彈事件層出不窮。

1990 年，賈比利亞當選總統，雖然身為加藍的後繼者，迫於形勢，他也不敢貿然通過《引渡法》，但為了敉平國內反毒的聲浪，也為了提高自己的政治聲譽，他提出只要販毒者投降或與政府合作，司法當局將對他們從輕判刑，並保證不將他們引渡到美國或其他國家受審。同年 12 月 9 日，召開制憲大會 (Asamblea Constituyente)，成員來自社會各個階層，包括保守黨、自由黨、前叛亂分子和印地安原住民等。就在召開制憲大會的同一天，政府另一方面又派遣軍隊直搗哥倫比亞革命武裝部隊位於梅塔省 (Meta) 拉烏利貝市 (La Uribe) 的「綠宮」(Casa Verde) 軍事基地。1991 年頒布新憲法，以 1886 年的憲法為基礎加以修改，規定實行代議制民主，行政、立法和司法三權分離，加強司法權力，總統是國家元首、政府首腦、武裝部隊統帥，由直接選舉產生，不能連任；總統因病可暫停行使權力，但須事先通知參議院，在參議院休會期間須通知最高法院，在總統被罷免、身體長期不能勝任職務或放棄職守時，經參議院宣布可由國會每兩年一次選舉產生的總統繼

承人代行其職；省市長改為直接選舉產生。

1991 年 6 月 19 日，國會投票通過反對引渡毒販到美國受審，當天艾斯科巴便和其他毒梟相繼出面投降，此項措施表面上看似奏效，也似乎帶給哥倫比亞一絲和平的希望，但卻未能真正制止毒品交易。事實的真相是賈比利亞政府暗地與艾斯科巴達成協議，由政府製造投降事件，將艾斯科巴幽禁在自己的豪宅大教堂 (La Catedral)，可繼續使用電腦、傳真及電話等現代化通訊工具，遙控著毒品事業，後來因為艾斯科巴的手下賈利亞諾兄弟 (Galiano) 從組織中竊取了數百萬元，在大教堂內活生生地被電鋸切割殺害，屍塊被烤熟後再丟去餵狗，震驚全國社會，司法部門遂強力要求將艾斯科巴關到真正的監獄，艾斯科巴才興起逃獄的念頭。

為了追捕艾斯科巴，政府於 1992 年特別成立「搜捕艾斯科巴小組」，美國與哥倫比亞共同懸賞八百七十萬美元緝拿，並由美軍特種部隊訓練小組人員，該小組被授權有必要時可隨時擊斃艾斯科巴；同時間，艾斯科巴的敵人也成立「遭艾斯科巴迫害者組織」(Perseguidos por Pablo Escobar, Los Pepes)，欲置他於死地。結果是政府與卡利集團的羅氏兄弟暗中聯手，由羅氏兄弟負責找出艾斯科巴的藏身處，並洩露給警方的菁英部隊；1993 年 12 月，艾斯科巴於逃亡途中被殺，麥德林販毒集團隨之分裂成數個小集團，有些則被卡利集團接收。羅氏兄弟想藉此與政府合作的機會，將其非法的億萬資金漂白，因此也提出有條件接受法律制裁來換取將財產傳給下一代的機會。

為了實現前政府與四一九運動達成的協議，賈比利亞同意於北考卡區劃定「非軍事區」(Demilitarized Zone) 進行繳械，協助其轉型為政黨。人民解放軍也順應時勢，與執政當局達成和平協議，轉變為合法政黨，稱為「希望、和平與自由」(Esperanza, Paz y Libertad)。

之後兩年，政府與游擊隊進行多次協商，雙方始終無法達成停火協議，游擊隊持續不斷的破壞行動造成社會秩序大亂，使得賈比利亞總統宣布戒嚴，並宣布「全面戰爭」(La Guerra integral)，全面討伐任

何反對政府的暴力分子。此時期的游擊隊人數暴增至一萬多人，占據的活動範圍超過全國百分之七十八的自治區，證明了政府以武力反擊游擊隊的策略錯誤。

三、重啟和談

1994 年，桑貝爾當選總統後重新開啟與游擊隊的和談之路，取消談判限制，政府不預設和平談判條件，也承諾打擊販毒集團。然而，桑貝爾總統後來卻陷入收受卡利集團政治獻金的醜聞案中，其政權不僅遭到人民質疑，亦飽受對手批評及反對。1995 年 1 月 30 日，雜誌揭露政府許多高層人士收受卡利集團賄賂，也因為這起事件，使得美國政府於 3 月 1 日宣布「條件式承認」桑貝爾政權，意味著美國對哥倫比亞打擊毒品的決心有所保留，也影響到美國是否提供援助以及援助的規模；4 月 21 日，檢察長瓦迪維索 (Alfonso Valdivieso Sarmiento) 召開哥倫比亞史上著名的《八千號審判案》(*Proceso 8,000*)，將自由黨重要領袖逮捕入獄，遭起訴者都是親近桑貝爾總統的人士。接著在同一年內卡利集團的羅氏兄弟相繼遭到警方「逮捕」，兩人入獄後均被判刑十五年，警方大規模的查緝行動似乎是桑貝爾政府為了撇清與該集團無任何金錢掛鉤。

1998 年，小帕斯特拉納 (Andrés Pastrana Arango)❷就任總統之後，努力與暴力團體展開對談，同年 10 月 14 日通過《八十五號法令》，同意在南部的梅西塔斯 (Mesetas)、拉烏利貝、拉瑪卡蓮納 (La Macarena)、美麗鎮 (Villahermosa) 和聖文森德卡關 (San Vicente del Caguán) 之間開闢一個面積約四萬二千平方公里的「緩衝區」(Zona de Distensión)❸，提供哥倫比亞革命武裝

❷小帕斯特拉納的父親為老帕斯特拉納，曾於 1970～1974 年擔任總統。

❸亦稱為保護區 (zona de despeje)。

部隊一個平安的棲身之處，在緩衝區中雙方同意休戰談判，區外則不受休戰限制，簡言之，區外暴力衝突的問題依然存在，和平進展成效不大。

1999 年，小帕斯特拉納總統提出與美國柯林頓總統合作的「哥倫比亞計畫」(Plan Colombia)，合作內容包括：振興經濟、司法改革、反毒政策、和平進程、財政改革、國際援助、強化軍隊及警察實力等項目，主要目的在於與游擊隊及準軍事組織達成和解，終結國內長達四十年的內戰紛爭、武裝衝突、制止毒品交易、解決國家基本社會和經濟問題。該計畫又以打擊販毒事業為主要目的，因為小帕斯特拉納總統認為只要遏止毒品交易，就能減少其金援游擊隊及準軍事組織；再者，對美國而言，真正關心的重點也是避免毒品流入美國，因此美國政府於 2000 年 7 月撥款十三億美元給哥倫比亞政府，其中百分之八十的經費用來添購軍事裝備，其餘則用來根除毒品作物之種植、打擊販毒活動及支應各項經濟、社會發展計畫。

哥倫比亞計畫中因過度的軍事援助，反促使國內衝突惡化，使得國際社會不僅反對該計畫，也反對美國干預。計畫中另一項引人爭議的反毒策略是用飛機在農村投擲重達數噸的除草劑，企圖一舉消滅古柯園，這不僅危害普通作物，也會殺死各種生物，危害人體健康，卻對遏止古柯製造及買賣的效果微乎其微，僅迫使小農和販毒者將古柯樹移植到其他地區❹。尤其當美國參議員要求增加除草劑的劑量時，每個安地斯山區的居民都心知肚明，以古柯樹旺盛的生長力，絕對無法輕易被根除。由於該計畫也同意美國士兵在哥倫比亞境內執行勤務，常有許多士兵受不了誘惑，相繼涉入古柯和海洛因的交

❹在普圖馬約省有多人因為一種強力化學藥劑嘉磷塞而致命，或是產生如頭痛、眼睛痛、胃腸不適及皮膚炎等一些後遺症。

易中，連帶影響反毒的成效，也造成哥倫比亞境內更多的毒品問題。

2000 年春天，哥倫比亞革命武裝部隊曾試圖走私一萬枝軍火進入緩衝區。2001 年，美國發生「九一一」恐怖分子攻擊事件，致使美國宣布全球性反恐戰爭，哥倫比亞革命武裝部隊等游擊組織相繼被美國列入恐怖分子的名單中，美國政府因而決定提供哥倫比亞政府更多援助，這項宣示也影響該國和平進程中的和談立場。2002 年 2 月 20 日，哥倫比亞革命武裝部隊劫機綁架赫錢 (Jorge Géchem Turbay) 參議員，雙方和談破裂，再加上政府和游擊隊對於緩衝區的範圍、領空和運河控制權意見分歧，游擊隊利用緩衝區進行毒品交易，使得小帕斯特拉納總統憤而終止與哥倫比亞革命武裝部隊長達三年的和平協商。三天後，當時「綠色氧氣黨」(Partido Verde Oxigeno) 聲勢最高的總統候選人英格麗·貝坦古 (Íngrid Betancourt Pulecio)❺為了到聖文森德卡關與市長、市民們見面，遭到哥倫比亞革命武裝部隊綁架。

當和平對話破裂，緩衝區內主要城鎮遭到政府的軍事行動占領，造成許多平民傷亡，殘餘的武裝團體仍控制著廣大農村地區，哥倫比亞革命武裝部隊的暴力行為未曾停歇，他們包圍國家，被暗殺的人數暴增；另一方面，哥倫比亞聯合自衛隊也造成社會治安更加惡化，這些事件造成民眾們選擇接受烏利貝提出的「民主安全政策」，使得烏利貝於 2002 年得以擊敗對手賽巴 (Horacio Serpa)，順利當選總統。

❺1994 年，貝坦古當選眾議員，因追查桑貝爾總統接受卡利集團賄賂而遭到狙擊，1998 年創立「綠色氧氣黨」，並當選參議員，2002 年成為該黨下屆總統候選人。

第三節　終結兩黨獨大

一、烏利貝政府

2002 年 5 月 26 日舉行總統選舉，「哥倫比亞第一運動」(Primero Colombia) 領導人烏利貝參與競選，他的父親死於一場由哥倫比亞革命武裝部隊主導的綁架事件中，因此他在選舉中承諾對哥倫比亞革命武裝部隊、民族解放軍和其他犯罪團體實行軍事鎮壓，因而得以擊敗其他六名候選人，以百分之五十三的得票率獲勝，結束了哥倫比亞百年來兩大傳統政黨輪流執政的現象。

2002 年 8 月烏利貝就任總統後，延續前總統小帕斯特拉納的哥倫比亞計畫，並執行「民主安全政策」，宣稱政府進入警戒狀態，號召全體國民加入全國民兵行列，同聲一氣共同打擊犯罪，全力防堵城市發生叛亂行為。2003 年 7 月 15 日，政府與哥倫比亞聯合自衛隊簽訂《聖塔菲德拉里多協議》(*Acuerdo Santa Fe de Ralito*)，對方承諾在 2005 年 12 月以前逐漸解除一萬三千名成員的武裝，且將接受技能培訓後重新融入社會，也同意政府在其發源地哥爾多巴省 (Córdoba) 劃定一個「預定區」(Zona de Ubicación, ZDU)，安置那些棄暗投明的前隊員，交由政府軍託管。2003 至 2006 年間，總共超過三萬名自衛隊的成員解甲歸田。

2004 年 1 月，政府逮捕了哥倫比亞革命武裝部隊的其中一名領袖巴梅拉 (Ricardo Palmera)，同年 12 月被引渡至美國。2005 年 2 月，哥倫比亞警方支援美國逮捕另一名綽號桑妮亞 (Sonia, Omaira Rojas Cabrera) 的領袖，她同樣也被引渡至美國接受審判。烏利貝的鐵腕手段，迫使一些叛亂團體同意停火協議，或是投降，哥倫比亞革命武裝部隊和民族解放軍也不再使用以前慣用的暴力手法，這些成效為他自己贏得無數喝采；另一方面，政府對被捕的游擊隊員施以大赦或特赦，提供他們薪水及工作訓練。

在打擊毒品交易方面，政府同時進行兩個方案，一為噴灑化學藥劑減少古柯葉的種植，另一個則是鼓勵當地農民種植咖啡等其他高經濟價值的農作物，提供他們比種植大麻或古柯更高的利潤，並且使農民相信政府可以保證他們身家安全，免受毒梟和游擊隊威脅，承諾將從販毒集團手中沒收的土地分配給沒有土地的農民。雙管齊下的杜絕方式，成功地將種植古柯葉的耕地減少百分之三十，引渡超過一百七十名毒販至美國受審，例如：2004 年 12 月，將卡利集團羅氏兄弟的哥哥希伯托引渡至美國。

烏利貝政府盡全力打擊左派游擊隊、販毒集團及準軍事組織，成功地降低暗殺及綁架率，多項資料顯示，哥倫比亞綁架、毒品、暴動等社會和經濟問題，都逐漸朝向正面發展，綁架次數從 2000 年的三千七百件，減少到 2005 年的八百件。然而，政府卻也面臨一些困難或阻礙，例如：預定區內的管理方式並未得到全體議員支持，有些人堅持投降的自衛隊員必須被關在監獄，而且必須歸還之前掠奪的財物，美國方面也反對烏利貝的政策，因為美國早已將哥倫比亞聯合自衛隊、哥倫比亞革命武裝部隊和民族解放軍視為恐怖組織，且因為都曾在美國買賣毒品或攻擊美國市民，哥倫比亞無權單方面進行大赦或審判。

除了加強維持社會治安之外，烏利貝亦實施多項有利的經濟措施，如：改革稅收制度以增加財政收入，為慶祝簽訂多元自由貿易條約、與歐盟及拉美國家締結經濟聯盟，提早實施經濟改革計畫，帶動國內經濟成長。政府打擊犯罪的顯著成效也有利於觀光發展，遊客再度跋涉千山萬水探訪失落之城，在 2002 至 2005 年間，哥倫比亞的外國遊客增加百分之六十五。2005 年春天，烏利貝的聲望達到巔峰，成為哥倫比亞有史以來最受歡迎的民選總統，民意支持率高達百分之七十，這不只歸功於成功對付哥倫比亞革命武裝部隊和民族解放軍，也因為提早與哥倫比亞聯合自衛隊達成和平協議。左右逢源的彈性外交政策，使他與美國保持友好關係，聯合拉丁美洲國家終止對古巴的禁令，又與巴西左翼政權的魯拉 (Luiz Inácio Lula da Silva) 總統交好。挾著高度

民意的支持，烏利貝於是向憲法法庭提出修憲，取消1991 年新憲法中總統僅能一任的規定，使其得以競選第二任總統。

二、烏利貝的連任之路

　　2006 年，烏利貝以百分之六十二得票率連任成功，這表示全國有將近七百三十萬的民眾用選票表示支持他的政策，那次選舉沒有發生任何暴力衝突事件，屬於左派的「民主替代黨」(Polo Democrático Alternativo)❻總統候選人加比里亞 (Carlos Gaviria Díaz) 得到第二高票，成為哥倫比亞第一大反對黨，而且 U 黨 (Partido de la U)❼成為繼自由黨之後最具合法性的政黨，阻斷了兩大傳統政黨長期執政的優勢，這些跡象顯示出兩黨制已開始衰退，對哥倫比亞的政治發展而言是個好的開始。

　　連任之後，內戰、毒品交易和貧窮問題仍然是烏利貝必須面臨的最大考驗。2006 年，政府已經破壞大約七萬三千平方公尺的古柯樹耕地；2007 年又摧毀約五萬平方公尺的古柯樹耕地。雖然有些人接受了政府的美意，放下武器，但在許多地區仍時有綁架、爆炸、暗殺等事件，無法使當地民眾安心生活及維持生計，哥倫比亞革命武裝部隊仍繼續綁架行動，甚至比過去更甚，綁架的對象包括軍警、政客及外國人，因而引發國內及國際人士向烏利貝總統施壓，要求政府與游擊隊訂立人道主義的協議，希望政府同意以關在獄中的隊員交換被綁架的人質。

　　2008 年 2 月 28 日，哥倫比亞革命武裝部隊宣布釋放遭綁架長達六年的赫錢參議員；同年 3 月 1 日，發生一起軍警密集空襲哥倫比亞革命武裝部隊的事件，衝突

❻哥倫比亞左派政黨。2002 年哥倫比亞議會選舉後，部分獨立政黨團體合併成立了「獨立民主中心黨」(Polo Democrático Independiente)，以對抗傳統兩大政黨。2006 年議會選舉前，獨立民主中心黨與傳統左派政黨民主變革黨合併成為「民主替代黨」，得到工會、企業行會和中下階層人士等擁護。儘管成立時間短，但發展迅速，群眾基礎不斷鞏固，政黨力量逐步增強，已成為哥倫比亞重要的政黨之一。

❼2002 年烏利貝當選總統後，開始重視黨群基礎建設，在其號召下，以桑托斯 (Juan Manuel Santos) 為首的親烏派人士聯手於 2005 年

10 月成立「民族團結社會黨」(Partido Social de Unidad Nacional)，簡稱「U 黨」。該黨綱領強調代表廣大民眾利益，尊重政治發展多元化，重視社會民主建設，監督政府機構。2006 年，代表該黨的新生代異軍突起，首次在議會選舉中超過傳統政黨贏得頭籌。

地點位於厄瓜多的領土內，造成哥倫比亞革命武裝部隊發言人雷也斯 (Raúl Reyes)、十七名游擊隊員、四名墨西哥籍學生及一名厄瓜多人死亡，厄瓜多的戈雷亞 (Rafael Correa Delgado) 總統認為哥倫比亞入侵厄瓜多領土，遂宣布與哥倫比亞斷交，委內瑞拉查維茲 (Hugo Chavez) 總統則指出哥倫比亞的行為是將南美洲置於戰爭的處境中，這起事件引爆哥倫比亞與厄瓜多、委內瑞拉之間的危機，稱之為「安地斯山危機」(Crisis andina)。

幾年之內，哥倫比亞革命武裝部隊的重要領導人物陸續被擒或被殲滅，接著政府於 2008 年 7 月成功營救出遭到哥倫比亞革命武裝部隊綁架六年的前總統候選人英格麗・貝坦古及其助理羅哈斯 (Clara Rojas)，徹底打擊了游擊隊的士氣。

哥倫比亞因為必須依賴美國的大筆金援反毒、增購軍事設備、掃蕩游擊隊，而與美國維持密切的外交關係；為了杜絕游擊隊在邊境地區流竄，偷養生息，烏利貝不惜與鄰國發生衝突，除了 2008 年發生的安地斯山危機之外，長期以來，與極力反美的委內瑞拉查維茲總統觀念分歧，時常互相抨擊。2009 年 7 月，委內瑞拉曾宣布凍結與哥倫比亞關係，原因是哥倫比亞與美國簽署價值五十億美元的軍事合作協議。2010 年，哥倫比亞向美洲國家組織指控委內瑞拉暗中支援反哥倫比亞政府的數百名左派游擊分子，並堅稱有權利要求委內瑞拉不得收容這些游擊分子或對恐怖活動提供協助，引發兩國關係惡化。7 月 22 日，委內瑞拉突然宣布和哥倫比亞斷交，引發南美國家緊張的情勢，7 月底委內瑞拉軍方以「加強邊境安全，保衛國家」為藉口在兩國邊境增派數千名士兵駐防。

三、2010 年新政府的挑戰

2010 年 8 月 7 日，新總統桑托斯 (Juan Manuel Santos) 上任後，承諾將執行前總統烏利貝的政策，鐵腕打擊國內反政府武裝力量。9 月，政府一舉擊斃哥倫比亞革命武裝部隊的二號首領布里塞紐 (Jorge Briceño Suárez)，並且成功摧毀該組織的大本營。

桑托斯採取靈活務實的外交政策，謀求改善與鄰國的關係，與委內瑞拉展開「直接、坦誠的對話」，查維茲總統亦積極回應，敦促哥倫比亞革命武裝部隊停止綁架活動並釋放手中人質，且保證不允許哥倫比亞的游擊隊在委內瑞拉境內活動，由於兩國曾多次陷入外交危機，引發的凍結貿易關係讓兩國企業蒙受利益損失，在關係和解後，哥倫比亞國內企業界人士自然對桑托斯好感倍增。11 月 26 日，厄瓜多同意與哥倫比亞全面恢復外交關係，兩國自安地斯山危機事件已斷交超過兩年。

在哥倫比亞與秘魯、巴西三國交界的亞馬遜河地區，毒品、武器和木材走私活動猖獗。由於過去三國在打擊犯罪活動時各自為戰，犯罪分子得以利用一望無際的邊境線逃往鄰國藏匿。2010 年 12 月，三國已多次採取聯合行動，共同打擊該地區各種犯罪活動，成功搗毀毒品生產基地，破獲數個販毒和走私木材的犯罪集團，並逮捕了一批犯罪嫌疑分子。同時間，政府對哥倫比亞革命武裝部隊準備釋放人質的表態做出回應，稱政府願為釋放人質提供安全保障。經由特赦制度，2010 年已經有二千多名游擊隊員放下武器，恢復平民生活。

由於桑托斯政府逐漸解決國內長期居高不下的失業率問題，贏得中下階層民心，創造經濟穩定發展的局面。調查顯示，桑托斯總統繼任後前幾個月的民意支持率高達百分之九十，創歷史新高，百分之八十八的受訪者給予桑托斯總統正面積極的肯定。

2011 年 7 月，美國國務卿希拉蕊・柯林頓 (Hilary Cliton) 和中美洲七國、墨西哥、哥倫比亞的外交部長，聚集在瓜地馬拉市 (Ciudad de

Guademala) 召開「支援中美洲安全策略國際會議」(Conferencia Internacional de Apoyo a la Estrategia de Seguridad de Centro américa)，達成共同打擊和防制犯罪的協議。美國和世界銀行承諾，將提供相關國家二十億金援，以打擊該地區日益猖獗的販毒行動。

11 月，委內瑞拉成功緝捕到綽號「瓦倫西亞諾」(Valenciano) 的哥倫比亞大毒梟波尼亞 (Maximiliano Bonilla Orozco)，這起逮捕行動顯示兩國安全合作的好處，也證實兩國總統的理念雖然南轅北轍，但均致力於改善雙邊關係。

若是桑托斯總統能繼續堅守打擊犯罪，維持與叛亂團體的和平對談，維持國內經濟發展，哥倫比亞未來和平之路值得期待。

Colombia

附　錄

大事年表

1499 年	歐赫達首先到達北部的瓜希拉半島。
1500～1501 年	巴斯帝達斯和拉戈薩到達哥倫比亞的加勒比海沿岸。
1502～1504 年	哥倫布第四次航行，到達哥倫比亞和宏都拉斯等地。
1503 年	西班牙王室於塞維亞設立招商局，以控制殖民地的經濟大權。
1509 年	歐赫達和拉戈薩到達卡塔赫納城。
1510 年	恩西索和巴爾波阿在喬科省的聖瑪利亞安蒂瓜達蓮建立第二個歐洲城市。
1524 年	西班牙國王卡洛斯一世在馬德里成立西印度事務委員會。
1525 年	巴斯帝達斯在北部海岸建立聖馬爾塔城，成為西班牙在南美地區的第一個永久據點。
1533 年	埃雷迪亞到達北部卡塔赫納港灣的蒙戈島沿岸；皮薩羅抵達秘魯境內的印加帝國重鎮卡撒爾卡。
1535 年	西班牙王室開始於拉丁美洲殖民地設立總督轄區。
1536 年	貝拉爾卡薩建立波帕揚市及卡利市。
1537 年	戈薩達率領第一支遠征軍抵達波哥大草原，發現穆伊斯卡聯盟；貝拉爾卡薩率領第二支遠征軍到達巴卡大；費德曼率領第三支遠征軍抵達巴卡大。
1538 年	巴卡大改名為聖塔菲巴卡大。
1542 年	成立秘魯總督轄區，管轄巴拿馬和除了委內瑞拉、巴西之外的南美洲大陸。
1549 年	在聖塔菲波哥大設立聖塔菲波哥大檢審庭。
1717 年	菲利浦五世設立新格拉納達總督轄區，管轄包括現今的哥

	倫比亞、巴拿馬、委內瑞拉和厄瓜多。
1720 年	西班牙王室廢除委託監護制。
1723 年	西班牙王室中斷新格拉納達總督轄區。
1739 年	西班牙王室恢復新格拉納達總督轄區。
1808 年	拿破崙新軍隊進逼伊比利半島，廢黜西班牙國王費南度七世。
1810 年	哥倫比亞宣布脫離西班牙統治，頒布哥倫比亞第一部憲法——《索科羅國家自由獨立憲法》，成立新格拉納達聯合省。
1811 年	委內瑞拉第一共和國成立；頒布《昆迪納馬卡憲法》。
1813 年	委內瑞拉第二共和國成立。
1819 年	玻利瓦擊敗西班牙軍隊，確保哥倫比亞的獨立；召開安戈斯圖拉會議。
1821 年	召開古古達會議，成立大哥倫比亞共和國，頒布《古古達憲法》；巴拿馬獨立，宣布加入大哥倫比亞共和國。
1829 年	委內瑞拉宣布脫離大哥倫比亞共和國。
1830 年	基多宣布脫離大哥倫比亞共和國，組成厄瓜多共和國；玻利瓦逝世於聖馬爾塔附近。
1831 年	大哥倫比亞共和國解體，產生新格拉納達、厄瓜多和委內瑞拉三個國家。
1832 年	新格拉納達改國名為新格拉納達共和國。
1839～1841 年	修道院戰爭，是哥倫比亞獨立後發生的第一場內戰，又稱為「至高無上的戰爭」。
1846 年	新格拉納達共和國與美國簽訂《和平、友好、航海與貿易條約》，又稱為《馬亞里諾—比德雷克條約》。
1848 年	自由黨成立。
1849 年	保守黨成立。
1850 年	開始修築橫貫巴拿馬地峽的鐵路。
1851 年	廢除奴隸制。

1853 年	頒布新憲法，明訂國家與教會正式分離，為美洲地區第一個明確規定政教分離的憲法。
1858 年	再度更名為格拉納丁聯邦。
1863 年	召開制憲大會，頒布《里約內格羅憲法》，改國名為哥倫比亞合眾國。
1884～1930 年	保守黨執政。
1886 年	努涅茲總統廢除以聯邦體制為主的《里約內格羅憲法》，另頒布中央集權制的《哥倫比亞憲法》，定國名為哥倫比亞共和國；實施再生計畫。
1899～1902 年	千日戰爭。
1903 年	美國強迫哥倫比亞簽訂《埃蘭－艾伊條約》，擅自接管法國運河公司開鑿巴拿馬運河的租讓權；巴拿馬共和國成立，與美國簽訂《艾伊－布諾－瓦里亞條約》，美國保證維護巴拿馬共和國的獨立。
1904 年	美國正式開鑿巴拿馬運河。
1914 年	巴拿馬運河完工，哥倫比亞與美國簽訂《湯姆森－烏魯迪亞條約》，條約中哥倫比亞承認巴拿馬獨立，兩國均等使用運河，美國另須支付哥倫比亞二千五百萬美元的補償金。
1919 年	哥倫比亞國家航空公司成立。
1925 年	全國勞工聯盟成立。
1928 年	聯合水果公司工人罷工，發生香蕉工人大屠殺事件。
1930～1946 年	自由黨執政。
1936 年	哥倫比亞勞工聯合會成立，為哥倫比亞史上第一個重要的勞工組織。
1939 年	建立黃金博物館。
1948 年	於波哥大召開第九屆泛美聯盟會議，訂立《波哥大協議》，成立美洲國家組織；自由黨領袖蓋坦被人暗殺於波哥大市區，發生波哥大暴動。

1948～1957 年	暴動時期，造成三十萬人死亡。
1958～1973 年	國家陣線執政時期。
1964 年	哥倫比亞革命武裝部隊、民族解放軍相繼成立。
1967 年	人民解放軍成立。
1969 年	玻利維亞、哥倫比亞、厄瓜多、秘魯及智利於卡塔赫納市簽署《卡塔赫納協定》，成立安地諾集團。
1973 年	與梵蒂岡簽訂協議，正式將天主教從國家的官方宗教轉變為大多數哥倫比亞人的宗教。
1974 年	四一九運動成立。
1975 年	失落之城被盜墓者發現。
1978 年	四一九運動成員潛入尼加拉瓜大使館，綁架該國大使；杜拜總統頒布《安全法案》。
1980 年	四一九運動成員占領多明尼加共和國駐哥倫比亞大使館，挾持十幾個國家的外交使節和哥倫比亞外交部官員。
1981 年	剷除綁架者組織成立。
1982 年	貝坦古總統發動全國重建運動，首度開啟與游擊隊談判的和平進程。
1984～1990 年	綠色戰爭。
1985 年	四一九運動成員攻占波哥大的司法大廈，造成一百一十五人死亡；哥倫比亞革命武裝部隊成立愛國聯盟。
1989 年	自由黨總統候選人加藍被艾斯科巴指使的殺手暗殺身亡；四一九運動解除武裝，改為四一九民主聯盟，轉型為民主政黨；卡斯塔紐兄弟自組哥爾多巴及烏拉霸農民自衛隊。
1991 年	巴西、阿根廷、烏拉圭及巴拉圭四國簽訂《亞松森協定》，成立南錐共同市場。制憲大會頒布新憲法。
1991～1992 年	賈比利亞總統與哥倫比亞革命武裝部隊、民族解放軍進行數次和談。
1993 年	麥德林販毒集團首腦艾斯科巴於逃亡途中被警方格斃。

1995 年	聖奧古斯丁考古公園被聯合國教科文組織列為世界文化遺址。
1997 年	卡洛斯‧卡斯塔紐組織哥倫比亞聯合自衛隊。
1999 年	小帕斯特拉納總統提出與美國柯林頓總統合作的「哥倫比亞計畫」。
2000 年	波哥大開始啟用公車快速運輸系統。
2002 年	小帕斯特拉納總統不再與哥倫比亞革命武裝部隊進行和平協議，取消緩衝區的設置；「哥倫比亞第一運動」領導人烏利貝當選總統。
2003 年	烏利貝總統與哥倫比亞聯合自衛隊簽訂《聖塔菲德拉里多協議》，在哥爾多巴省劃定預定區。
2006 年	與美國正式簽署自由貿易協定；烏利貝總統以百分之六十二得票率連任成功。
2008 年	安地斯山危機。
2009 年	與美國簽署軍事合作協議，委內瑞拉宣布凍結與哥倫比亞關係。
2010 年	委內瑞拉突然宣布和哥倫比亞斷交，引發南美國家緊張的情勢；新總統桑托斯上任。
2011 年	召開「支援中美洲安全策略國際會議」。

參考書目

尹承東、蔣宗曹、申寶樓合譯，Garcia Marquez, Gabriel 著，《迷宮中的將軍》，
　　臺北，允晨文化實業股份有限公司，1990。

李春輝等編，《拉丁美洲史稿》，北京，商務印書館，1993。

林怡君、何修瑜、杜志娟譯，Betancourt, Ingrid 著，《別為我哭泣：為上帝
　　遺棄的國度奮戰》，臺北，商周出版，2008。

林柏宇，《哥倫比亞和平進程之研究 (1982–2002)：政府與游擊隊團體間互動
　　關係之分析》，臺北，淡江大學拉丁美洲研究所，2003。

徐寶華等編，《哥倫比亞》，北京，中國社會科學院拉丁美洲研究所，1990。

郝名瑋、徐世澄著，《拉丁美洲文明》，福建教育出版社，2008。

郝名瑋、徐世澄著，《神奇的拉丁美洲》，上海文藝出版社，2007。

張立卉，《哥倫比亞農村社會結構轉變之研究，1945–1989》，臺北，淡江大
　　學拉丁美洲研究所，1996。

張家哲，《拉丁美洲：從印第安文明到現代化》，北京，中國青年出版社，
　　1999。

陳靜妍譯，Martin, Gerald 著，《馬奎斯的一生》，臺北，聯經出版事業股份
　　有限公司，2010。

楊耐東譯，Garciá Márquez, Gabriel 著，《百年孤寂》，臺北，志文出版社，
　　1996。

謝淑華，《從游擊運動的發展歷程看哥倫比亞的政治暴力文化》，臺北，淡
　　江大學拉丁美洲研究所，1998。

《南美安地諾集團現況介紹》，經濟部國際貿易局編印，1995。

Bautista Quijano, Enrique Alejandro, Salamanca Galíndez, Luis Manuel, and
　　Szykulski, Józef, "Arqueología de San Agustín. Ocupación prehispánica en el

Cabuyo, Pitalito-Huila," *TAMBO. Boletín de Arqueología*, No. 1, 2008, pp. 9–72.

Bushnell, David, *The making of modern Colombia: A nation in spite of itself*, U.S.A., University of California Press, 1993.

García-Durán, Mauricio editor, *Alternatives to war: Colombia's peace processes*, Conciliation Resources, 2004.

Hughes, Christopher, *Nations in conflict, Colombia*, Blackbirch Press, 2005.

Isabel Botero, Clara, Llera Pérez, Roberto, Londoño Vélez, Santiago, and Sánchez Cabra, Efraín, *The Art of Gold: The legacy of Pre-Hispanic Colombia*, Museo del Oro, Bogotá D.C., 2007.

Jones, Brian L., and Molyneaux, David M., *The Mythology of the Americas*, Anness Publishing Ltd, 2002.

Kline, Harvey F., *Colombia: Democracy under assault,* Westview Press, 1995.

Lopata, Peg, *Colombia* (*Modern Nations of the World*), Lucent Books, 2005.

McCausland-Gallo, Patricia, *Secrets of Colombian cooking*, New York, Hippocrene Books, 2004.

Martin, Cheryl E., and Wasserman, Mark, *Latin America and Its People*, New York, Pearson Longman, 2007.

Morrison, Marion, *Colombia* (*Enchantment of the World*), New York, Children's Press, 2008.

Naucke, Philipp, "La política de seguridad democrática en Colombia," *Diálogo Político*, No. 4, diciembre 2009, pp. 175–190.

Ospina, William, *Once upon a time there was Colombia*, Villegas Editores, 2006.

Pedraza, Omar and Rincón, Hermés, *Colombia I: El Mundo y la Historia*, Madrid, Anaya, 1988.

Rodriguez O., and Jaime E., *The independence of Spanish America*, London, Cambridge University Press, 1998.

Safford, Frank, and Palacios, Marco, *Colombia: Fragmented Land, Divided Society*, New York, Oxford University Press, 2002.

Skidmore, Thomas E., and Smith, Peter H., *Modern Latin America*, New York, Oxford University Press, 1992.

Streissguth, Tom, *Colombia in pictures*, Lerner Publications Company, 2004.

網頁資料：

http://www.banrep.gov.co/museo/eng/home4.htm

http://www.cafedecolombia.com

圖片出處：

2、6、21、22: AP Images

3、14: Alamy

5、12、26: Lonely Planet Images

7 上、7 中 : Jeremy Horner

7 下 : Aldo Brando

8、11、20、37: Reuters

9: South American Pictures

10、13、15、16、18: Victor Englebert

17: Sarah Woods

19: © 2011. Digital image, The Museum of Modern Art, New York/Scala, Florence

在字裡行間旅行，
實現您 周遊列國 的夢想

國別史叢書

墨西哥史——仙人掌王國

馬雅和阿茲特克文明的燦爛富庶,成為歐洲人夢寐以求的「黃金國」,然而貪婪之心和宗教狂熱矇蔽了歐洲人的眼,古老的印第安王國慘遭荼毒,淪為異族壓榨的工具,直至今日,身為強大美國的鄰居,墨西哥要如何蛻變新生,請拭目以待。

阿根廷史——探戈的故鄉

阿根廷文化兼具南歐的浪漫風情與印第安的熱情奔放,滿街可見大跳探戈,爭踢足球的男女老少。但歡樂的背後,是帝國殖民無情的壓榨。十九世紀獨立以來,文人將領交相掌權,政權更迭頻繁,民眾亦苦不堪言,多番走上街頭抗議不法。且看樂觀開朗的阿根廷人如何擺脫困窘,舞出璀璨的未來。

祕魯史——太陽的子民

提起祕魯,便令人不得不想起神祕的古印加帝國。曾有人說,印加帝國是外星人的傑作,您相信嗎?本書將為您揭開印加帝國的奧祕,及祕魯從古至今豐富的文化內涵及歷史變遷。

委內瑞拉史——美洲革命的搖籃

委內瑞拉在多變的歷史中,形成融合美洲、歐洲、非洲的多元文化,值得您一探究竟。無論是由各洲風味組合而成的國民美食「芭蕉粽」或是來自西班牙的舞鬼節,都展現委內瑞拉豐富多彩的文化內涵。準備好了嗎?翻開書頁,來一趟委內瑞拉的深度旅行吧!

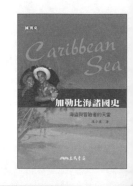